·2018·

平凡中的力量

北京榜样主题活动五周年
人 物 风 采 录

中共北京市委宣传部
首都精神文明建设委员会办公室

人民出版社

《平凡中的力量——北京榜样主题活动五周年人物风采录》编写组

特约编辑 （按姓氏笔画排序）

王秀林　孙　旭　孙毅刚　杜维伟　沈　悦　张　程

张新建　苗玲玲　林郁毅　林春富　赵升云　夏　青

曹志铜　章　培

创意策划　北京艺品联盟文化传媒有限公司

代序一

中宣部授予“北京榜样”优秀群体“时代楷模”称号

（2019 年 2 月 20 日）

为深入推进社会主义核心价值观建设，自 2014 年以来，北京市持续开展北京榜样学习宣传活动，推出了一大批立得住、叫得响、传得开的榜样人物。北京榜样优秀群体，就是这些人物中事迹厚重、影响较大的 50 位年榜荣誉获得者。他们有的勇攀科技高峰，致力关键核心技术自主创新，在重大科技领域实现原创性突破；有的扎根城乡基层，服务一方百姓，办了许多暖民心、解民忧的好事实事；有的身残志坚，以永不言弃的精神拼搏奋斗，在人生的赛场上取得了骄人成绩；有的见义勇为，危急时刻挺身而出，用大无畏的行动保护了国家和他人生命财产安全；有的热心社会公益，积极参加岗位学雷锋和志愿服务，用爱和奉献帮助了群众、温暖了京城。这些源自基层、植根平凡、充满正能量的榜样人物，用实际行动深刻诠释了习近平总书记提出的首都市民“热情开朗、大气开放、积极向上、乐于助人”的优秀品质，生动展示了社会主义核心价值观建设的实际成效。

近一段时间以来，北京榜样优秀群体的先进事迹宣传报道后，在社会上引起热烈反响。广大干部群众认为，北京榜样优秀群体是新时代奋斗者的杰出代表，是美好幸福生活的创造者、守护者。他们在平凡的工作岗位上、普通的日常生活里，默默无闻地引领着新时代社会文明风尚，谱写了伟大的时代赞歌。许多北京市民表示，要向北京榜样优秀群体学习，胸怀大局、无私奉献，积极向上、助人为乐，以平凡的力量筑梦京华，为建设国际一流的和谐宜居之都、建设具有良好社会风气和道德风尚的文明城市，贡献自己的力量。

代序二

中共北京市委关于开展向“北京榜样”优秀群体学习活动的决定

（2018 年 11 月 8 日）

为了深入推进社会主义核心价值观建设，自 2014 年以来，全市持续开展“北京榜样”主题活动，各区、各部门、各单位坚持从社区、村和基层单位做起，层层选树、层层张榜、层层宣传身边榜样，宣传树立了一大批立得住、叫得响、传得开的榜样人物。这些源自基层、植于平凡、凝聚正能量的“北京榜样”，用实际行动对习近平总书记称赞首都市民“热情开朗、大气开放、积极向上、助人为乐”的优秀品质，作出了生动诠释。他们是新时代首都弘扬和践行社会主义核心价值观的先进群体，在平凡的工作岗位上、普通的日常生活里，默默无闻地发挥着美好生活建设者、创新时代领跑者、社会和谐维护者、优秀文化传承者的作用，引领着新时代社会文明风尚，谱写着伟大的时代精神。

为大力弘扬时代新风，培育时代新人，持续建设社会风气和道德风尚最好的城市，市委决定，在全市广泛开展向“北京榜样”优秀群体学习活动。

向“北京榜样”学习，就是要学习他们身上体现的首都市民优秀品质，时刻牢记首都无小事，做到胸怀大局、无私奉献，每逢首都北京举行大事盛事，总是满怀热情、积极参与，以实际行动参与营造热烈祥和、文明和谐的社会氛围，展示大国首都形象。

向“北京榜样”学习，就是要学习他们以执着的坚持、坚定、坚毅，自觉承担起单位、社会和家庭责任，做到助人为乐、见义勇为、诚实守信、敬业奉献、孝老爱亲、勤俭节约、热心公益、自强不息，把日常最平常的“小事儿”做成感动社会的善举，共同推动“善满京城”，为这座城市聚集向上向善的强大力量。

向“北京榜样”学习，就是要学习他们着力涵养“拼搏为美”的奋斗品质，为了首都更加美好的明天，撸起袖子加油干，把奋斗精神融于岗位、融于日常、融于人生。积极参加“周末卫生大扫除”“礼让斑马线”“门前三包”“蓝天行动”“回天有我”等社会服务活动，为有序疏解非首都功能、高水平建设城市副中心、推动京津冀协同发展，建设首都更加美好的明天贡献智慧和力量。

向“北京榜样”学习，就是要学习他们积极弘扬中华优秀传统文化，自觉当好中华优秀传统文化的传承者，为推进全国文化中心建设献策献力，推动优秀传统文化活起来、传下去。继续发扬中华民族优秀传统美德，立足家庭、立足学校、立足社会，热心参与“我们的节日”等文化活动，推动中华传统美德在全社会特别是广大青少年心中落地生根、开花结果。

各区、各部门、各单位要全面贯彻习近平新时代中国特色社会主义思想和党的十九大精神，深入贯彻落实习近平总书记对北京重要讲话精神，培养担当民族复兴大任的时代新人，开展向“北京榜样”优秀群体学习活动，自觉承担起举旗帜、聚民心、育新人、兴文化、展形象的使命任务，推动形成全市干部群众“学榜样　我行动”活动的思想自觉、行动自觉，继续弘扬和践行社会主义核心价值观，促进全市人民在理想信念、价值理念、道德观念上紧紧团结在一起，为建设国际一流的和谐宜居之都、建设社会风气和道德风尚最好的城市提供强大的精神动力和道德支撑。

目录

2018 北京榜样十大人物

2018 北京榜样特别奖

2018 北京榜样提名奖

2018
北京榜样
十大人物

[敬业奉献]　李东方
[敬业奉献]　宋　玺
[敬业奉献]　周　晔
[敬业奉献]　程　刚
[孝老爱亲]　田　琴
[热心公益]　郎恩鸽
[热心公益]　梁　萍
[助人为乐]　刘宝中
[诚实守信]　苑永萍
[自强不息]　夏伯渝

［敬业奉献］

扎根戈壁大半生复制国宝——李东方

李东方，1956年生，国家高级工艺美术师、博物院文物保护复制专家、世界级非遗珂罗版技术传承人创新者，采用珂罗版技艺让无数国宝文物活了起来，以珂罗版技术复制国家瑰宝敦煌莫高窟壁画，两岸故宫博物院镇院国宝《三希贴》合璧，将分藏于两岸的国宝孤品《明解增和千家诗》上、下册合璧。

北京榜样 2018

延续国宝生命的非遗技艺

1973年，在病榻上的周恩来总理批复了一项工作："要不惜一切代价，恢复珂罗版技术。"珂罗版技术是由德国人阿尔贝特于1869年发明，在清朝光绪年间传入我国，并被大量用于中国画的复制，印刷特点是复制效果好，能逼真再现原稿层次，这项技术对于文物的复制保留和文化传承，有着举足轻重的作用。

1983年，日本画家平山郁夫访问中国，参观敦煌莫高窟后，提出以日本的方式复制敦煌壁画。消息见诸报刊后，这让当时还在国家文物局从事珂罗版临制文物工作的李东方热血沸腾。"我们中国人自己可以复制！"二十多岁的李东方主动请缨，乘坐三天三夜的火车，于1984年7月30日到达敦煌莫高窟。这段延续国宝生命的传奇故事，就此开始。

珂罗版技术并非依靠高精尖的设备，而是需要拥有高超技艺和丰富经验的艺术工艺人才。当李东方第一次走进敦

年轻时在敦煌洞窟中工作照

煌，亲眼看到这些堪称中华文化瑰宝的绚丽壁画时，巨大的责任和压力曾让年轻的她痛哭不已。珂罗版技术临制文物需要“照相”、“修版”、“晒版”、“印刷”四个步骤，在“照相”之前，则需要分析作品颜色的色调、层次、下笔先后顺序等诸多内容，这需要巨大的耐心和高超的技艺。根据前期分析进行分色制版，一种颜色就需要一张版，复制一幅画有时需要数十块版叠加才能完成。“每一块版都需要独立修版，版和版叠加时不能有一根头发丝的差错，否则前功尽弃。敦煌壁画穿越历史沧桑，很多锈迹和斑驳也要如实复制下来。”珂罗版沉重的设备容易造成敦煌莫高窟的损坏，为此，李东方根据珂罗版的技术原理，利用简单的材料，设计制作了专为莫高窟使用的珂罗版土相机。

完成一次复制需要多长时间？以敦煌 112 洞窟《反弹琵琶》的复制为例，李东方和他的同事们经历了 8 个月的反复努力，才最终完成。1996 年时任敦煌研究院院长段文杰特别为李东方在敦煌莫高窟临制的珂罗版壁画题词评定：珂罗版敦煌壁画“形象准确、色彩丰厚，表现了人物精神，体现了壁画特色，是成功的”。历经数十年的努力，李东方荣获 2016 年全球华人影响力人物“文物保护终身贡献奖”；2015—2017 年参赛作品连续两届荣获中华印制大奖“毕昇奖”唯一艺术品金奖。

延续国宝生命的非遗技艺在李东方的努力下走向辉煌。

守护民族文脉的大国工匠

“四十年做一件事，为国家，为后人。”1984 年盛夏的那个夜晚，敦煌莫高窟星光闪耀，李东方自此和这片神秘的大戈壁结缘。从国家文物局离职后，李东方还提出申请，以一己之力开展敦煌壁画的复制工作。此后，就是数十年的坚守。至 2008 年，李东方对敦煌莫高窟的 9 个特别精选的洞

常沙娜为李东方题词致贺

窟及壁画局部进行了精心复制。复制的敦煌壁画作为文物资料永久留存，为后人留下了珍贵的文化财富。

二十多年的戈壁生活，耗尽了李东方的青春年华。每年花费半年时间坚守在戈壁滩，饮食营养无法保障，最劳累的时候，曾让她出现短暂失明的症状。余下半年时光，李东方回到北京，筹措资金开展接下来的复制工作。往返于敦煌和北京，二十多年的风雨兼程，李东方耗尽了自己的全部积蓄，共 67 万元。国家文物局得知此事后，拨款 10 万元奖励李东方，她又将这笔钱一分不剩地投入到壁画复制中。“我用这笔钱挑战了 003 窟千手千眼观音图的临制工作。”珂罗版的最大尺寸为“50×60”厘米，千手千眼观音图绘制在大

2013 年大连首届非物质文化遗产论坛，荣获“佛教文化保护终身成就奖”

约 4 平方米的墙壁上，远远大于这个尺寸，在进行 84 张珂罗版底片的分色制版后，还要进行更为复杂的拼接，工作难度成倍增加。12 个月后，这件稀世国宝终于从墙壁上“移动”下来，被世人瞩目。

把一生芳华奉献给了敦煌，李东方没有收获爱情，没有养育子女，而是耗尽家财，至今仍然住着 30 平方米的小房子，仍然坚持每天上班往返 60 多公里把余热贡献给了珂罗版文物保护复制工作。1998 年就曾有日本画商出 1700 万高价购买李东方复制的 5 种敦煌壁画，被她拒绝了。她说：“这些都是国家文物，不是敛财的工具。”

构筑民族统一的文化纽带

作为大国工匠，李东方守护着民族文化，构筑民族统一的文化纽带。

因历史原因，中国书法艺术的集大成者、最具代表性的文物《三希贴》两岸分离。《三希贴》即王羲之《快雪时晴帖》、王献之《中秋帖》、王珣《伯远帖》。2015年，在北京故宫博物院和台北故宫博物院成立90周年之际，李东方以精湛的珂罗版技术，依托两岸故宫博物院馆藏的《三希贴》原件，复制并制作了90套《三希贴》展品。合璧出版发行《三希贴》，

受邀参加2016年“一带一路”文化精品展现场致辞

完成了两岸中国人的心愿，也见证了两岸人民牢不可破的文化纽带，表达了两岸人民盼望和平统一的美好心愿。

更多的文化纽带，在李东方的努力下，实现了联结。我国古典书籍“三百千千”（指《三字经》《百家姓》《千字文》《千家诗》）中的最后一本《千家诗》，最著名的藏本是有“皇帝教科书”之称的《明解增和千家诗》，该古籍的上下册分别由台北故宫博物院和国家图书馆收藏。在李东方的努力下，终于实现了两岸合并制作出版发行。为此，李东方于2017年荣获首届“毕昇奖”暨第六届中华印制大奖“杰出人物”。

“在自己有生之年，要将这门独有的技艺传承下去，要用这门技艺，将祖国流失海外的国宝书画尽可能多的带回家，留给后人！”大国工匠李东方还在拼搏的路上。

[敬业奉献]

北大女生索马里护航扬国威——宋玺

宋玺，1994 年生，北京大学 2012 级本科生，原海军陆战队某侦察队队员。2015 年参加海军，2016 年底，因表现优异，作为唯一一名女陆战队员加入中国海军第二十五批护航编队，赴亚丁湾、索马里执行护航任务。

校园生活，积淀才能

宋玺于2012年9月考入北京大学，作为新生党员参加了学校组织的新生党培，因表现优秀被表彰为优秀新生党

获得北京大学十佳歌手大赛季军（右二）

不畏酷暑参加训练

员。与其他学生不同，在完成正常学业任务外，宋玺还是一名艺术特长生，作为北京大学学生合唱团的骨干成员参与日常训练并随团代表学校参加各项比赛，曾荣获第八届世界合唱比赛金奖、全国大学生艺术展演一等奖、北京市大学生艺术展演一等奖等奖项，作为文艺骨干随校交流团赴台交流。同时，宋玺热爱生活，热爱歌唱，也热爱运动，是校十佳歌手，也是校园运动达人。学术训练增强思辨能力，文体活动丰富思想内涵，在 2015 年大三结束时，宋玺选择参军入伍，服役于中国海军某部。

军营淬火，青春无悔

初入新兵连，宋玺便向往着成为一名两栖侦察霸王花，为实现梦想，刻苦训练，积极参加新兵连各项比武、竞赛，并取得了优异成绩。最终于 2015 年 12 月加入中国人民解放军海军陆战队，成为一名两栖侦察兵，也是北京大学第一位海军陆战队队员。由于表现优秀，于 2016 年底被评为优秀士兵，获旅嘉奖，并作为唯一一名女陆战队员加入中国海军第二十五批护航编队，赴亚丁湾、索马里执行护航任务，保护航行在亚丁湾海域的各国船舶和人员免受海盗打击，并进

进行举枪射击练习

参加巡洋工作

行医疗、物资、技术等方面的援助。所在护航编队完成62艘次中外船舶护航任务，解救被追击船舶2艘，发现并驱离疑似海盗活动小艇82艘次。4月9日，编队成功解救被海盗劫持的外籍商船，并首次抓捕海盗，宋玺和她的战友们用切身行动为祖国增光，维护地区和平。除进行日常特战训练外，宋玺也是编队文艺骨干。护航编队另一重要任务是穿越大洋，代表国家对外进行军事访问，向世界展示中国海军力量，传达和平友好的理念。2017年5月至7月，她随护航编队执行顺访任务，先后访问马达加斯加、澳大利亚、新西兰、瓦努阿图。出访期间，作为舰员代表参与了舰艇开放日引导、对外文化交流、甲板招待会等活动。干练的作风、浓厚的艺术修养、流利的英文交流展现了大国海军的良好形象。

讲述海军故事，树立青年标杆

作为海军陆战队的退伍军人，也作为一名北京大学学生，退伍回校继续学习的她受到了一定的社会关注，也起到了较好的正面引导作用，成功地在部队和社会上树立了北大学生的良好形象。在今后的日子里，她将不忘初心，继续发扬军队优良传统，并以党的要求为指导方向，为国家与社会做出更多贡献。

[敬业奉献]

为残障学生一生的成长和生活奠基——周　晔

周晔，1963 年生，东城区特殊教育学校校长。2011 年 10 月起，作为第一位手语主播，承担了央视《共同关注》、全国“两会”和党的十八大、十九大等重大时政会议的手语主播。满怀对特殊教育的一片赤诚与执着，与残障孩子朝夕相处了 34 年。秉持“有爱无碍教育康复和谐发展”的办学理念和“为残障学生一生成长和生活奠基”的办学宗旨，凸显了教育、康复、培训、服务的功能定位，实现了残障儿童教育的全覆盖。

周晔于 1983 年来到了北京市第一聋人学校，从此与特殊教育结下了不解之缘。35 年中她从一名语文教师到教学主任、教学副校长，最终成为学校校长兼党支部书记。在成长中，周晔校长秉承一生不变的信念——“既然选择就要为选择负责”，坚守这份特教情怀，不断探索创新，用情品教育，用心做教育。

潜心研究，促进发展

在担任第一聋人学校语文教师的 18 年中，周晔在全国率先承担了用组合式助听设备训练聋生发音说话，使用普通学校教材进行教改试验，对全国年龄最小听障者植入人工耳蜗后听觉、语言进行培建训练等实践研究，形成了自己独特的语言教学风格。代培了全国各地数十名聋校教师，多次在全国、市、区教学研讨会做研究课、公开课。

培育教师，助力发展

2002 年北京市第一聋人学校与东城区培智学校（智障儿童）合并，成立了北京市东城区特殊教育学校。周晔 2003 年任校长，2009 年又任党支部书记。她以培养师德高尚、业务精良、开拓创新的教师团队为己任，推出了做“最美教师”工程，塑造了一批批美有高度、美有厚度、美有风度的专业化特教教师团队。多名教师先后获得市区优秀教师、师德标兵等荣誉称号；多名教师在全国、北京市教学展示中获特等奖、一等奖殊荣；多名教师在手语研究、康复训练、听障

耐心指导青年教师学习手语

学生语言教学研究方面形成特色，在北京市乃至全国处于领先，并在国内享有较高声誉。

深化改革，创新发展

面对两类残障学生和学校未来发展，周晔提出了“有爱无碍教育康复和谐发展”的办学理念和“为残障学生一生成长和生活奠基”的办学宗旨。形成了以九年义务教育为中心，纵向发展至学前和职业高中，横向延展至社区康复和融合教育指导的教学体系，将学校单一的教育功能拓展至康复、服

与即将升入大学的听障学生亲切交流

给即将走上工作岗位的智障烹饪专业学生送上深切嘱托并合影留念

务、培训为一体的功能地位，让优质资源服务更多的残疾儿童及其家庭。心怀着对残障孩子仁爱和敬畏之情，深化教育改革，努力为他们创设平等的、适合的教育。在尊重每一个生命过程中，让每一个生命都精彩。构建了十二年一体化教育（小学、初中、职业高中），完善了办学体系，实现了智障学生升入高中、听障学生升入大学的梦想；形成了适应残障儿童学习、生活、康复的课程体系；研发了智力障碍学生职业高中教材；开展了为重度多重残障儿童“送教上门”的实践研究；残障学生进入普校共学实践探索等，在教育公平中提高残障学生及其家庭的幸福感和获得感。已有多名听障毕业生考入大学，升学率100%，智障职高毕业学生就业率 70%；在东城深综改实践中，学校与东城区培智学校（合区前原崇文培智学校）结为深度联盟校，在分享理念、共享经验、深入探索中形成合力，促进发展。学校办学成果多次在世界音乐教育大会等国际、全国教育教学研讨会上做主题发言，学校被命名为区爱国主义教育基地，曾获全国三八红旗集体、全国信息技术教育先进校等多个国家、市区级先进称号。

舞动手语，持续发展

2011 年 10 月，中央电视台 13 频道《共同关注》栏目将要在每天晚上 6—7 点推出直播手语节目，这是央视首次也是全国首次在新闻直播栏目中设立的时间最长的手语直播。这一任务由一所学校承担也属全国之首，这对手语老师的全方面素质和专业能力是一个极大的考验。周晔深感这既是挑战，又是机遇。如何圆满地完成这项工作？如何让自己学校的老师在这个平台上得到更大的锻炼和展示？经过几次严格的考核，筛选出了六位老师组成手语主播团队承担了这项工作。几年来，每一位老师都克服着诸多困难，出色地完成了任务，得到听障朋友的好评。周晔还担任了 2012 年全国“两会”和党的十八大、十九大开幕式等重大时政会议的手语直播任务，实时将最新的大会盛况无

代表学校与美国两所特教学校缔结友好校，引领学校开展国际性教育交流

障碍地传递给听障人士，不但为我国听障人士送上人文关怀，而且传递的更是尊重、文明与进步。至今周晔已成为大众最为熟知的手语主播。

有人说：爱自己的孩子是天职，爱残疾孩子是天使，这是对从事特殊教育的教师一份褒奖。周晔将继续用一份善良和仁爱之心拥抱他们，用智慧与担当成就他们。铭记“既然选择就要为选择负责”。她将以高度的责任感和使命感继续在特殊教育园地里播种耕耘，为办人民满意的教育不懈努力！

[敬业奉献]

填补新药市场空白 为患者带来福音——程刚

程刚，1982 年生，北京康立生医药技术有限公司董事长。为提高药品质量，率团队成功地为国家研制出多种药品杂质标准品，并将之推广到美国食品和药品管理局和英国皇家实验室。7 年来，研发出一系列创新药，其中包括治疗糖尿病、肾病、类风湿性关节炎及抗肿瘤的新药，几乎无瘾的戒毒药，治疗血癌和淋巴癌的 CAR-T 细胞疗法等，为百姓健康带来福音。

2010 年 8 月，程刚踏上了北京经济技术开发区这片孕育着跳跃音符和创新思维的热土，开始了填补新药市场空白和提高药品质量的人生征程，7 年来的工作实现了他“716”的坚持，即：每周工作 7 天，每天工作 16 个小时，他办公室的电灯成了单位指明方向的长明灯。

程刚平时很关心下属的健康，2013 年 6 月 21 日的晚上 10 点左右，单位一同事突感腹痛，程刚亲自护送安排前往医院治疗，待所有的检查和治疗都做完后才放心离开，此时天都亮了。

2014 年 8 月，程刚因为长期劳累和饮食不规律，患上了严重的肛瘘疾病，为了完成纳米抗癌新药技术关键点的突破，迟迟拖到 9 月份才安排手术。手术后的第二天，硬是强忍疼痛处理了一百多个与工作相关的电话。

从提高药品质量的角度出发，为了减少药品的不良反应，程刚提出了药品单杂的定性定量概念，成功地为我国食品药品监督管理总局研制出多种药品杂质标准品并推广到美国食品和药品管理局和英国皇家实验室。

2012 年，英国政府化学家 Derek 考察康立生公司并给予了高度评价，同时也赢得了中国药品标准品的国际合作

从事纳米抗癌研究多年，程刚成功地将纳米抗癌药推向美国临床，使得原本活性很强却不能正常代谢的药品顺利成药吸收，极具突破性地提高了药品的生物利用度；纳米化让药品直接进入癌细胞里面却不能进入正常细胞，进一步实现了抗癌药的靶向性。

国产药品的一致性评价工作正在积极启动，国产仿制药将面临新生，程刚带领药学研究团队率先完成了几十个仿制药一致性评价工作的药学研究，并且经过仿制药的处方工艺反复摸索研究，重新变更处方工艺，目前已经做到使国产仿制药和国外的原研药品质量达成一致。

作为新药研究和药品质量管理领域的领路人，多年来，程刚成功研制新药近百种，获得发明专利授权 80 多项，并且将技术成果向市场成功转化，获得 60 多个新药临床批件和 30 多个药品生产批件。

规范药品质量管理的先行者

食品药品安全关系到每一个人的身体健康和生命安全，是最大的民生问题，也是最基本的公共安全问题，药品的前

2014 年 12 月，为北京军、地医疗机构制剂研发与质量标准提高培训班授课

2017 年 6 月，受邀前往台湾参加两岸经济论坛，阐述了“一带一路”促进中国技术经济的发展和两岸生物医药科技合作的方向。

提是有效，底线是安全。目前国产药品质量总体水平不高，同一种通用名药品，疗效参差不齐，部分进口药的疗效明显、毒副作用低，同品种的国产药疗效却没有那么显著或是毒副作用有增加，主要问题是质量标准偏低、单杂没有定性定量，晶型没有研究，杂质含量超标，导致国产药品疗效与原研药品存在差距。

在药物研发和生产当中，药品杂质标准品是执行药品质量标准的实物对照，是质量标准评价的主要载体，是用来检查药品质量、确定药品真伪优劣的基准和对照。因此，药品杂质标准品的制备与标定是药品质量评定的一项重要内容。之前我们只对药品的总杂进行控制，药品单杂控制不明确，国际上已经开发的药品杂质标准品种类和数量也很少，中国市场药品杂质及药品对照品目前多为使用进口品牌（如USP），价格昂贵而且供货期太长，而专业生产医药对照品的中国单位几乎属于空白，基于以上市场现状和背景，程刚提出了药品单杂的定性定量概念，成功地为国家食品药品监督管理总局研制出多种药品杂质标准品，每年研究和供应几百种药品杂质标准品，很有力地填补了国内中高端医药杂质落后的现状，从而降低国内大部分药企研发和生产成本，降低药物的杂质限度，优化生产工艺，提高药品质量标准和疗效，减少了药物不良反应，缩短了国产药品与原研药品的差距，在临床上与原研药可相互替代，进而减轻社会医药费负担，提高中国药企国际竞争力，促进医药产业供给侧结构性的改革。

创新药研发的开拓者

多年来，程刚一直致力于创新药的研究开发，挑战世界市场空白，针对临床急需药品、短缺药品、儿童药品、肿瘤用药、罕见病用药进行研究开发。程刚带领的研发团队，坚守研发创新、质量为先、积极进取、勤恳敬业的信念，研发出一系列的创新药，其中有治疗糖尿病、肾病的一类新

2017 年 7 月，受邀参加科技部和内蒙古自治区政府主办的北博会，表述了“一带一路”推进医药技术经济开发开放的思路

药 KLSH1X0002，填补国际糖尿病、肾病治疗药物的市场空白，提升了新药研究的国际竞争力，为广大糖尿病、肾病患者带来福音；开发了一系列的纳米抗肿瘤药，开创了国内纳米技术用于肿瘤药物治疗的先河；成功研制戒毒药 KLSH1X0001，与其他戒毒药相比几乎没有成瘾性，具有明显的优势；还有用于治疗类风湿性关节炎的新药与甲氨蝶呤对比，疗效和毒副作用均有明显优势，治疗血癌和淋巴癌的 CAR-T 细胞疗法，致力于为老百姓打造优质、安全、高效的药品，研发的产品涵盖各大疾病领域，填补了国内药品市场

的空白，为人类的医疗保健事业做出贡献。

创新团队建设的领导者

作为高层管理者，程刚十分注重国际技术交流和学习，亲自拜访多名国际诺贝尔奖获得者和国内知名院士专家，拜师学艺，答疑解惑，其中德国诺贝尔化学奖获得者 Robert，英国政府化学家 Derek，中国药物制剂专家、中国工程院院士侯惠民，就是“亦师亦友”。作为单位领导，程刚礼贤下士、求贤若渴，十分重视人才培养和团队建设，亲自为单位的中高层和技术骨干配备相关领域的领军人物作为导师；言传身教，推荐书籍让同事阅读并上交读后感和 PPT，亲自审阅并批注，鼓励同事读在职博士和从事博士后研究；经常请国际相关专业的诺贝尔奖获得者、知名专家和国内的知名院士专家到单位培训。

走在时代前沿的改革者

未来的组织再生还是要依靠干细胞，程刚将进一步完善干细胞库，落实干细胞的组织再生研究。立足中药研究，弘扬祖国医学。

药品的质量管理面临重复性不好的问题，要尽量减少人为因素的干扰，所以需要智能化，程刚正在筹备建立使用机器人的全国样板智能化药品生产车间。

随着大家生活水平的不断提高，人们对大健康的认识也越来越具体，程刚正在带领团队建立针对老百姓自主选择药品的大数据库。全球新创新药的研究是程刚一直在抓的主题，不断填补新药的世界市场空白是程刚人生规划中永恒不变的追求。

［孝老爱亲］

七位老人的爱心港湾——田琴

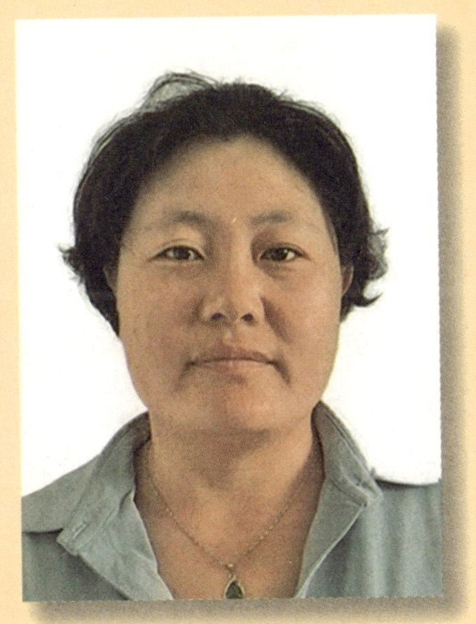

田琴，1980年生，密云区新城子镇太古石村村民。十几年来，为了双方七位老人，放弃去城里打工挣钱的机会，任劳任怨地承担起了照顾七位老人的重任。七位老人中有三位患有脑血栓，一位患有胃癌。丈夫在外打工挣钱，家里的所有活计全部放在了田琴的肩上。面对生活的艰辛没有退缩，而是勇敢地面对，用一颗孝心，书写了赡养七位老人的佳话。

作为一个“80后”，她完全可以像同龄人一样，到城市里工作，住楼房，开汽车上下班。可为了照顾自己的爷爷奶奶和父母以及丈夫的爷爷和父母七位老人，她至今仍在山沟里，没有离开过家门。十几年来，她用耐心、诚心、爱心，伺候双方家庭七位老人，得到了大家一致的好评。

田琴姐妹二人。当初，她也想和姐妹们一样，到城里打工，过城市生活。姐姐出嫁后，她考虑着爷爷、奶奶、父亲、母亲都需要照顾，就放弃了这一想法。2003年，田琴与河北省承德市宽城县的小伙周文军结婚，男到女家，婚后一直居住在太古石村，并于次年5月生下了一个男孩。丈夫在外面打工，她在家里打短工，一家人每天过着平淡的生活。虽然经济上紧张了点，但感觉还算幸福。

可这样平淡的日子没过多久，2006年，身体一直很好的母亲，突患脑血栓。田琴赶紧给送到县医院住院治疗。住了二十多天，医生说，别浪费钱了，脑血栓很严重，活不了多长时间。田琴便把母亲接回家里伺候。母亲患病后，精神上出现了问题，脾气十分暴躁，犯了病就骂人。有时，正吃

照顾奶奶

着饭呢，说饭不好吃，不是往饭里啐吐沫，就是掀桌子、摔东西，弄得一家人不得安宁。每次遇到这种情况，田琴都是含着泪水，慢慢安抚母亲。到现在，这样日子已经持续了十多年。

“屋漏偏逢连阴雨。”2004 年，丈夫的弟弟在一次车祸中丧生，照顾丈夫的爷爷及公公、婆婆的重担又落在了田琴夫妇的身上。每次夫妇二人从太古石村去宽城婆家，都是早晨 5 点走，晚上 6 点才能到。第二天，把该干的农活帮着干完，第三天再回来照顾娘家的几位老人。

2013 年的一天，田琴接到婆婆打来的电话，61 岁的公公得了脑血栓。田琴夫妇俩急忙回到宽城，把公公接到密云

照顾父亲

脑血管医院治疗。治疗一个月后，回家里疗养。由于是重度血栓，卧病在床，生活已经不能自理。考虑到丈夫年迈的爷爷公需要伺候，婆婆也年岁大了，田琴夫妇商量，把爷爷公、婆婆都接到北京，这样会便于照顾。

七位老人需要照顾，其中两位患有脑血栓。有时，这个老人刚照顾好，那个老人又来事了。看着家里老的老、小的小，田琴一下子感到，天都要塌下来了。开始，她每天都躲在没人的地方偷偷地哭，心里想：老天是不是在和我作对啊，这以后要我怎么活啊！有时，甚至想结束自己的生命，一死了之。但看着纯朴憨厚的老公，活泼可爱的儿子，七位需要照顾的老人，田琴又鼓起了生活的勇气，她没有退缩，而是勇敢地面对，承担起了照顾老人的重任。

冬季山区温度较低，她每天都把锅炉烧得热热的，以防老人受凉感冒；夏季天热，经常开窗通风，为老人擦拭身体，以防湿潮导致生疮。老人们的被褥定时拆洗，始终保持洁净。每天起床后，帮老人们倒洗脸水、梳头、整衣服，让老人们每天都有一个好心情。她还经常给老人们讲社会上的新鲜事儿，帮他们按摩，做辅助治疗。只要他们想吃的东西，她都会竭尽所能尽量满足。

2014 年，厄运再一次降到田琴头上。八十多岁的爷爷突然感到胃部不舒服，田琴和老公赶紧把爷爷送到县医院检查。经检查，已经是胃癌晚期。为了治好爷爷的病，田琴

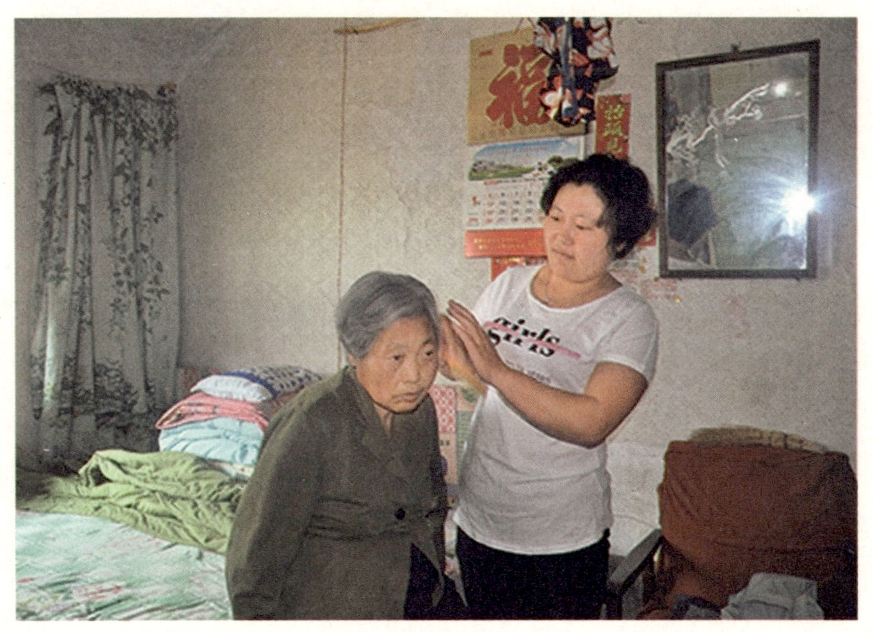

照顾母亲

照顾奶奶和母亲

把爷爷带到地坛医院住院治疗，她一个人在医院陪床，为爷爷端屎端尿。爷爷考虑着自己已经八十多了，没有几年活头了，也考虑着家庭经济条件，说什么也不住院了。田琴说，只要有一分希望，就要按照一分的希望治疗。爷爷并不是田琴的亲爷爷，是奶奶二婚招到家里的。看着田琴对自己无微不至的照顾，爷爷含着泪说："孙女对待我这么好，真是比亲的还亲呀。"

在爷爷病重的那段时间，由于田琴每天都要细心地照顾爷爷，所以和母亲接触时间就短了。有一次，田琴刚做好饭，一家人正准备吃饭时，母亲突然把一盘炒好的菜往地上一扔，嘴里嚷着："我好像不是你亲妈，不管我了，每天去伺候你爷爷，你以后就跟他过吧，别叫我妈了，他才是你亲妈。”田琴眼含着泪水，赶紧给母亲说好话，稳定母亲情绪。

也就是同一年，爷爷公也得了脑血栓。考虑到老人的年龄，医生建议回到家里保守治疗。七位老人，其中三个患有脑血栓，一个患有癌症，家庭现状可想而知。奶奶和婆婆虽然身体较好，但由于年龄大了，也帮不上什么忙。丈夫在外打工挣钱，家庭的重任全部落在了田琴肩上。

为了多挣些钱，改变家庭经济条件，田琴在照顾老人的同时，在新城子小学找了一份食堂做饭的工作。每天早晨，她先去学校上班。然后，再回到家，给几位老人做饭。从早到晚，一天也闲不着，到了晚上浑身累得酸疼。

由于过度劳累，田琴患上了腰椎间盘突出、脊椎病，厉害时，腿麻、疼痛、呕吐，但照顾老人的事情一刻也没有停歇。

2015年，在几天时间里，爷爷和爷爷公相继去世。在弥留之际，爷爷拉着田琴的手说：“孩子，是我们拖累了你，要不是因为这几个老人，你也可以和别的年轻人一样，风风光光地去城里打工挣钱，过上幸福的生活。但也是因为你，我才感觉自己特别幸福。”看着两位老人安详离世，田琴心里既感到特别的酸楚，但也感到特别的甜蜜；酸是因为她没有让老人过上好日子，甜是因为她对得起老人。

如今，家里还有五位老人需要伺候。当别人问起田琴时，她坚定地说：“不后悔，老人生活的幸福，我们全家就幸福。”

[热心公益]

农民滑雪队长助力北京冬奥——郎恩鸽

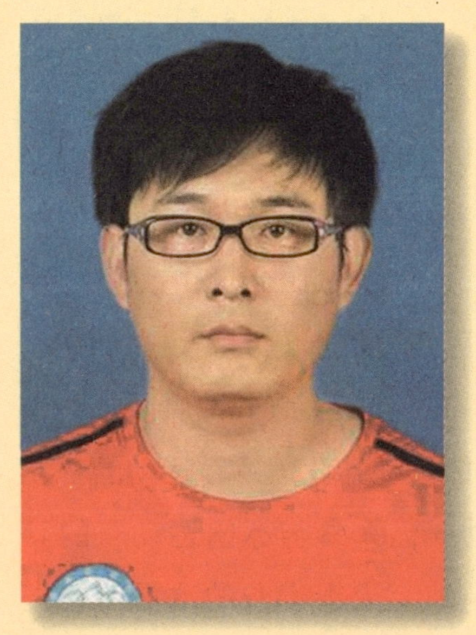

郎恩鸽，1989 年生，延庆区海坨农民滑雪队队长。2017 年 7 月 11 日，延庆区张山营镇选拔 18 名高水平业余滑雪爱好者，成立了志愿服务性质的海坨农民滑雪队。其中 11 名队员取得滑雪教练员一级证书，获得专业教练员资质。2017 年至 2018 年雪季，海坨农民滑雪队在全区范围内大力开展大众滑雪培训活动，义务培训五千余人次，有效扩大了冬奥冰雪休闲小镇滑雪运动覆盖面，带领更多人走进滑雪场，实现更多农民心中盼望已久的冬奥梦！

2018 年 7 月 21 日，北京市委书记蔡奇来到延庆区张山营镇西大庄科村，这里是冬奥会延庆赛区核心区内唯一的村庄，蔡奇书记这次是应约而来，邀请他的正是海坨山下的农民滑雪队。这是一支脱胎于农民、立足于延庆、致力于在冰雪之城延庆推广普及冰雪运动的公益志愿服务性质队伍，也是延庆区落实习近平总书记“加快补齐我国冰雪运动的普及程度和竞技水平的短板，带动 3 亿人参与冰雪运动”的具体体现。这支冬奥冰雪休闲小镇上土生土长的冰雪运动先行军，用自己的努力展现着北京风采，也带动更多农民吃上“冰雪运动饭”。

现任延庆海坨农民滑雪队队长郎恩鸽，是土生土长的张山营镇田宋营村人，他不仅是这支队伍的发起人，更是带领这支农民滑雪队伍稳扎稳打、一步一个脚印向前发展的领头人。助力推广普及冰雪运动，他冲锋在前；组织队员向“新型农民”转型，他义不容辞。队员们常称赞道，郎恩鸽就是这支队伍的“主心骨”，没有队长郎恩鸽，就不会有这支队伍在全区推广普及冰雪运动的成绩。

自2017年7月成立以来，这支队伍就以公益志愿服务为己任，义务为全区中小学生、志愿者以及青年农民进行滑雪培训，累计超过5000人次，并借助全区筹办冬奥会的东风，向成为冰雪运动的“新型农民”转型。

组建农民滑雪队，让梦想变成现实

北京冬奥会申办成功前，郎恩鸽是海坨山脚下小镇上一名普普通通的“羊倌”，最多时养殖着三百多只羊。因为家门口就有滑雪场，从小就在滑雪场摸爬滚打的他无师自通地学会了滑雪。随着北京成功申办2022年冬奥会，他的热情也被点燃。为了保护家乡的绿水青山，他毅然决然亏本卖掉了多年来赖以生存的羊群。曾经的他也为自己的生计犯愁，但面对着自己多年的爱好和全镇上下一心筹办冬奥会的感召，放下赶羊鞭的他最终拿起了滑雪板，还联系身边和他一样爱好滑雪的朋友，想着要组建一支滑雪队，把他们的滑雪技能传授给更多的人，用他们矫健的身姿展现来自冬奥冰雪休闲小镇农民的风采。

2017年7月11日，北京市乃至全国第一支由草根农民组成的滑雪队——延庆海坨农民滑雪队在张山营镇人民政府的支持下正式成立，首批队员18名，全部来自张山营，平均年龄不到三十岁的他们，具备平均十年左右的雪龄，发起人郎恩鸽被集体推举为延庆海坨农民滑雪队队长。

提高滑雪技能，助力普及冰雪运动

延庆海坨农民滑雪队成立后，郎恩鸽积极对接镇区两级党委政府，为队伍争取专业滑雪培训机会，帮助队员提高滑雪技能水平。2017 年 12 月，在延庆区委组织部和区体育局的支持下，郎恩鸽带领队员们在万科石京龙接受了第一次专业滑雪技术培训。在瑞士专业滑雪教练指导下，11 名队员顺利通过培训考核，取得瑞士国家职业滑雪指导员证书，具备

2017 年雪季向瑞士教练学习滑雪技巧

到姚家营学校给孩子们讲课

专业滑雪教练员资质。

2017—2018 年雪季，取得专业资质的延庆海坨农民滑雪队正式开始了他们的公益志愿服务行动。他们的目标就是让冰雪之城延庆的更多百姓了解滑雪、走进滑雪场、爱上滑雪，在全区大力推广普及滑雪运动。郎恩鸽带领队员们先后走进张山营镇三所学校，为中小学生义务讲授滑雪基础知识，还带领全镇一百多名中青年农民走进滑雪场从零开始学滑雪，同时为蓝天救援队、医疗救援服务等志愿者团体培训提高滑雪技能。培训最紧张那段时间，正逢郎恩鸽妻子生孩子，身为队长的他不能缺席滑雪队的培训活动，只能“缺席”父亲这一角色。在妻子生产期间，为了完成队伍的培训任务，他从来没有完完整整地陪过妻子一天，每次都是匆匆回家看望妻子和刚出生的孩子一眼，便又出门踏上了去往滑雪场的路。

在2017—2018年雪季，农民滑雪队队员们白天夜晚连轴转，即使是在寒冬腊月、北风呼啸的夜晚，站在滑雪场雪地上的他们，滑雪服内也常常被汗水浸湿。在队长郎恩鸽敬业和奉献精神的示范下，队员们也克服重重困难，累计培训超过5000人次，把他们的公益志愿服务第一步走得踏实又漂亮，为全区推广普及冰雪运动做出了贡献。

多项技能修炼，向“新型农民”转型

党的十九大提出，支持和鼓励农民就业创业，拓宽增收渠道，这为郎恩鸽带领队员们向冰雪产业就业转移展现了新的希望，他期待能够充分发挥队员们的滑雪技术，把滑雪从爱好向职业转型。2018年3月，在延庆区和吉林市的协调下，郎恩鸽率领延庆海坨农民滑雪队集体前往吉林市万科松花湖滑雪场参加培训。在这次培训中，他们不仅提升了滑雪运动水平，同时第一次接触到了专业滑雪场的各项技术工种。从吉林回来的郎恩鸽决定组织队员积极参加各类滑雪场专业技术培训，争取成为全区农民向冰雪产业方向转移就业的带头人。

为紧密对接冬奥会、世园会重大活动，2018年5月，延庆区启动了“服务冬奥世园，促进绿色发展”大培训活动，

学习修雪板

计划在五年内培训十万人次，开展赛会保障、冰雪产业、园艺产业、餐饮服务、志愿服务、实用技术等系列培训，提升劳动者职业技能，为服务冬奥会世园会提供人才保障。郎恩鸽敏锐意识到这次培训机遇难得，迅速组织队员们参加了雪板维修和保养专业技术培训，争取掌握扎实的雪场服务管理知识，未来向冰雪运动方向转移就业，实现延庆区“办大事、促发展、惠民生”的目标；同时，他又积极争取区外事办支持，联系区外语协会老师开设冬奥英语课堂，组织队员们每周定期学习冬奥和滑雪专业英语，提升自身文化素养，为今后成为冬奥会志愿者而努力。

农民滑雪队成立一周年合影

2018 年 7 月 11 日，延庆海坨农民滑雪队举办成立一周年仪式，招募 9 名新队员入队，这支由农民组成的队伍扩大至 25 人，覆盖了张山营、八达岭、香营、永宁、旧县等延庆区多个乡镇。

今后，郎恩鸽将继续带领延庆海坨农民滑雪队，继续怀着公益志愿服务的初心，在全区推广普及冰雪运动，力争冰雪运动覆盖人数更多、培训质量更高，实现更多农民心中盼望已久的冬奥梦！

［热心公益］

『小巷管家』绘街巷蓝图——梁 萍

梁萍，1954年生，龙潭街道“小巷管家”中的一员。认领的夕照寺西里主线区域，巷子长155米，宽10米，共有3幢居民楼，共42户、124名居民。担任“小巷管家”以来，每天早中晚三次巡查，手绘了小巷地图，清楚标注小巷内建筑物、花箱、垃圾桶、灭火器的准确位置，方便进行管理。及时了解小巷居民需求，反映居民心声、和谐邻里关系。为夕照寺西里“十无”、“十有”建设无私奉献。

“百街千巷”环境整治提升三年行动开展以来，龙潭街道结合地域特点和实际，面向社会公开招募小巷管家，143名小巷管家成为街巷治理的带头人，从人大代表、政协委员、党员、单位职工到普通居民，不同身份的人，因为有了一个共同的目标，而有了一个共同的身份：小巷管家。

清理花箱

为宠物粪便取纸箱添加纸张

5000多个小时，2351次走访，177件事项处理，这是小巷管家上任后的工作记录，从炎炎夏日的一次次交谈，到七旬老人的耐心劝阻，他们用心灵之美，来书写龙潭小巷之美。

梁萍就是“小巷管家”中的一员。她认领的是夕照寺西里主线区域，“我管的这条巷子长155米，以前只有3米宽，现在拓宽到10米了，这一边是19个花箱，那一边有30个花箱。巷子里共有3幢居民楼，仅这五号楼就有4个产权单位、42户、124名居民……”梁阿姨对小巷情况如数家珍。

担任“小巷管家”以来，每天早中晚三次巡查是梁阿姨雷打不动的工作。她的背包如同百宝箱，卫生纸、塑料袋、

北京榜样 2018

在夕照寺西里主线清理小广告

铲子、手电，甚至速效救心丸等也都一应俱全。“我就住在这巷子里，平时遛弯看到垃圾乱扔、共享单车乱停放之类的问题，顺手就处理了，解决不了的就及时上报‘街巷长’，居民有什么需求和意见我也记录下来。”梁阿姨退休前是居委会干部，自认“爱管闲事”的她说，戴上“小巷管家”的小蓝帽，不仅仅是发挥余热，更多了一份责任。

梁阿姨还别出心裁地为她负责的区域手绘了一份小巷地图。记者看到，这份五颜六色的地图上除了建筑物，还标明了每一处花箱、垃圾桶、灭火器的准确位置。她挨家挨户走遍了小巷里的居民楼，“哪家是低保户，哪家有残疾人，我都心里有数，平时会多照应。”

2017 年，共享单车的“走红”，给居民出行带来了便利，却也带来了困扰，每天清晨，身为“小巷管家”的梁萍比上班族还准时，开启每天的第一项工作：治理共享单车。

把乱停放的共享单车一辆辆挪到指定停车位，对梁萍来说并不容易。离得近的，梁萍中途歇一两次就挪过去了；离得远的，中间就要倚着车子歇一会儿，一天下来，梁萍的膀子、胳膊一阵阵疼。

一天，当梁萍的母亲看着电视新闻，突然看到自己的女儿带着小蓝帽，在夏天的小巷里挪着单车，后背已经湿了一

向巷长反映环境问题

大片，母亲给梁萍打电话说既骄傲又心疼，说着说着还哭了。梁萍跟母亲说：“您看我们夕照寺西里是不是大变样啊，原来一进胡同满眼都是私搭乱建，现在好了，从去年开始街道以‘剥洋葱’方式把社区内 297 处、4675 平方米违法建筑都拆干净了，现在还有了物业管理，晾衣竿、花箱、便民座椅，增设路灯、监控设备一应俱全。您说这么好的环境，我们得珍惜呀，我一定要当这个‘小巷管家’，像保护眼睛一样保护我们的家园，让它一直美下去！”

小巷里，像梁萍这样的管家，龙潭地区有 143 名，他们奉献着自己的时间与精力，只为了让龙潭的小巷更加干净整洁。“自个的家，自个要爱护”，这朴素的话语，道出了龙潭人的心声，更道出了龙潭人对街巷美好明天、阖家幸福生活的憧憬与期盼。随着东城区“百街千巷”环境整治提升三年行动不断深入，“小巷管家”将在全区推广，我们真诚地希望，每一位热爱东城、热爱家园的您，都能加入“小巷管家”队伍，为东城区建设国际一流和谐宜居之区贡献自己的力量。

[助人为乐]

313路公交有颗菩萨心——刘宝中

刘宝中，1964年生，北京市公共交通集团第三客运分公司313路驾驶员。十多年来，发扬艰苦奋斗的作风，一个人驾驶313路公共汽车风雨无阻，面对老弱病残伸出援助之手。2015、2016、2017年分别获得最美职工、集团公司先进个人的光荣称号，2018年获得首都劳动模范称号和最美司机称号。

一个人的公交线，一路的温馨情

313路公交车于1978年开通，全程15公里。这是一条特殊的线路，之所以特殊是因为它是一条孤独的公交线路，只有一名专职司机和一辆公交车，却承载着卢沟桥农场路、北天堂村居民的出行任务，也是传承下来的一条标兵模范线路。带着这份沉甸甸的责任，刘宝中是第六任驾驶员。

“全心全意，为乘客服务”是他对自己不变的要求。工作中严格执行规章制度，服务乘客，车厢内时刻保持整洁卫生。为方便乘客，他准备了坐垫、雨伞等用具，供乘客使用。这条线路老年乘客比较多，遇到腿脚不方便的，他都会给予特别的照顾，将老人搀扶上下车。每到一站他都会提前告知乘客，当车辆转弯遇到减速带时也都会提醒大家扶好坐好。他热情地为乘客服务，把乘客当成自家人一样，把小小的车厢变成流动的“四合院”，乘客们都称赞他是老年人的拐杖，外地人的向导，乘客的贴心人。

每天定点检查车辆情况

亲情牵手，贴暖人心

“尊老爱亲”是中华民族的传统美德，作为一名中共党员，刘宝中不忘初心，自愿做一名帮老、助老的志愿者，工作之余无偿地为老年人提供服务。

八十多岁的李大爷家住农场路家属院，患有高血压、痛风等多种疾病，唯一的儿子 13 岁时不幸夭折，瘫痪多年的老伴于去年因病去世，为了给老伴治病和办理后事，花去了家里所有的积蓄，现如今老人无人照顾，微薄的退休金不仅

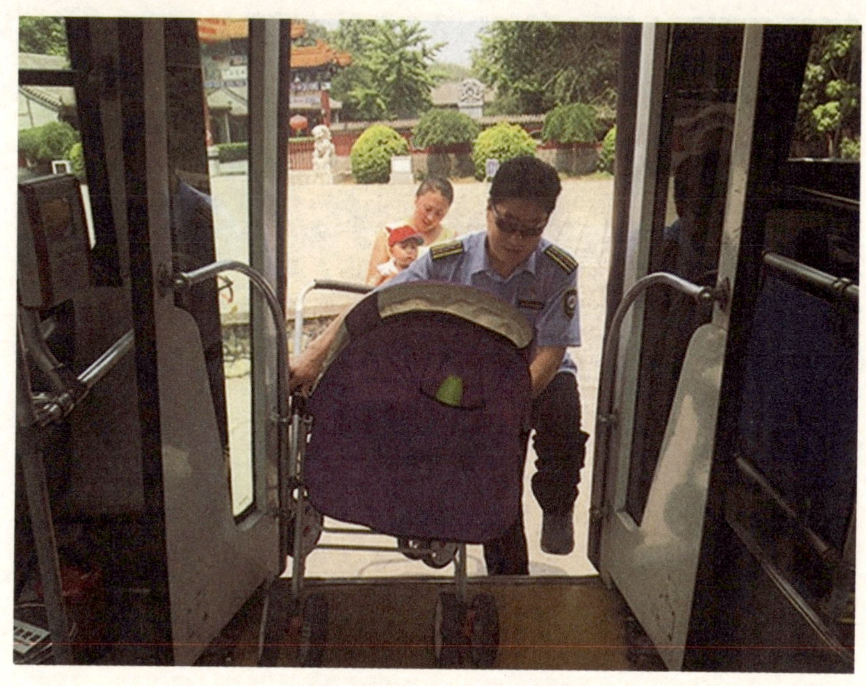

主动帮助带小孩乘客搬婴儿车

要负担他的保姆费、生活费、药费等所有开销，每月还要花200元雇车去医院看病、拿药，老人的生活陷入困境。刘宝中得知此事后，毫无怨言地承担起带老人看病的重担，利用业余休息时间到老人家中，竭尽所能地照顾老人的日常生活起居，陪老人说说话。

杜兰英的爱人因交通事故不幸离世，她的精神也到了崩溃边缘，情绪极不稳定，坐车时也经常以泪洗面。刘宝中看了心痛极了，多次去她家探望，开导她，为她出谋划策，与相关部门协调解决善后事情。经过不懈的努力，最终圆满地解决了赔偿事宜，也使她走出了精神困扰，现在的杜兰英心里充满阳光，对生活又有了新的希望。

王俊娥老人年近八十岁，儿子儿媳又相继出了事，把一个十几岁正在上学的儿子和年仅 6 岁的女儿扔给了体弱多病行动不便的老人。刘宝中得知了老人的困境，此后每逢老人需要帮助时，刘宝中都随叫随到，帮她换煤气，冬天拆装煤炉、烟筒等重活都是他的“固定的任务”，为老人开药，购买生活所需的物品等，更是不在话下。

乘客中有一位老人叫连秀荣，今年已经 90 岁高龄了，家住北天堂村，也属独居老人。前几年老人一直坐刘宝中的车去看孩子，去医院看病拿药，购买日常用品。现如今年纪大了，和女儿居住了，但老人还是惦记她居住过的老房子

利用休息时间陪伴孤寡老人

为孤寡老人修轮椅

和邻居。连秀荣老人每次乘车时，刘宝中都会搀扶她上下车。这样的帮助一直延续了七年。如今老人的孩子们不让她自己单独乘车了，但连大妈每个月还要让孩子们陪同坐两次车，她说因为她想刘宝中，想见见他。闲暇时刘宝中也会给老人打个电话嘘寒问暖，连大妈也把他当成自己的儿子，每逢过节，刘宝中和妻子女儿都要一起看望连大妈，和她一起过节，老人也像迎接自己的儿女一样，脸上洋溢着幸福的笑容。

小手拉大手，胜似父女情

果果是个 6 岁的小姑娘，家里父母出了事，她只能跟着奶奶生活。每天早晨奶奶带着她等车，送她去上幼儿园，奶奶腿脚不好，街坊有时候也帮着送，但每天下午都是刘宝中去接果果。幼儿园 4 点吃饭，然后放学，他总是催促着幼儿园老师争取 4 点 15 把果果送出门，因为他要在 4 点 40 分发车。每天下午刘宝中都带着果果从幼儿园走上两站地，走到熟悉的 313 路车上把她安全送到家，休息的时候也会带她去游乐园，平时也会给她买喜欢的衣服、玩具和学习用具，生病了及时送她去医院看病，日子久了刘宝中和果果之间产生了父女情。

心系百姓，传递爱心

一份情，一份爱心，只要人人献出一点爱心，世界将充满爱。在多年的公交驾驶生涯中，刘宝中与无数的乘客打过交道，无论是老人孩子，还是病患，他都会伸出援助之手，捐款捐物达到上万余元。

一分耕耘，一分收获

刘宝中曾接受过《北京日报》《北京青年报》《北京晚报》等采访，多次上过北京电视台《身边》栏目访谈，接受中央电视台《新闻频道》《新闻 1+1》以及北京电视台《北京您早》等节目的采访，得到了社会及领导的肯定和表扬。

『靓诺』品牌的诚信底色——苑永萍

苑永萍，1955 年生，北京靓诺派时装有限公司董事长。40 岁开始自主创业，潜心于服装工艺研究，矢志于诚信铸造品牌，首创“立裁百号、量产定制”服装技术，先于西方等时尚大国完成了服装高精度号型细分工程，由此申报了 9 项国家专利，并获得了国家发改委“女装特体特制及高技术含量服务”立项。

苑永萍现为北京市第十一届、十二届政协委员，北京市女企业家协会副会长，北京服装纺织行业协会副会长，中国传媒大学 MBA 实践导师，先后荣获“中国十大经济女性年度人物”、“中国十大品牌女性”、北京市三八红旗奖章、北京社会好人榜、“纺织服装行业十大风云人物”等荣誉称号，

参加第十九届齐越朗诵艺术节展演

与德国女企业家协会会长及会员合影

并作为中国杰出女企业家代表多次赴世界各地参加时装交流高峰论坛。

苑永萍是一位视信誉为生命的人，她常说：“人品决定产品，产品折射人品。”靓诺服装坚持传统高工费的“推、归、拔、烫”工艺不变，恪守“企业标准高于国家标准”的准则。市场上售卖的服装基本都是以国标为比例制作的，比如S、M、L、XL、XXL、XXXL等六个号，大小尺寸固定比例，没法让每一个人“穿着得体”。而苑永萍通过采集三千多人的体型尺寸，根据人们身体结构的细微变化，整理出独特的时装人体结构比例数据库和版型精算公式，创造了业界“百号”版型的奇迹，即使胖人也会“穿上显瘦”。由于靓诺

接待美国专家访华团，并带领访华团参观企业设计研发中心

秉承的是“个性化制作”，为的是让顾客以平民价格享受高级定制服务，因此就要承担高消耗、高库存的风险。比如，一件衣服 8 片，每片多缝合一个韭菜叶就会多出一寸；一条裤子的料率是 1.2 米，而靓诺则是 1.35 米；所有面料均要先经过冷热缩水处理等等，每年仅此就使企业成本增加 500 多万元。

苑永萍用毕生心血打造“靓诺”品牌，她说：“品牌的底色是诚信。”作为服装企业，产品检验是必不可少的工序，一般企业的制作工序为几十道，而“靓诺”品牌的制作工序高达 168 道。一般企业的检验是 3 道，“靓诺”的检验是 6 道。对于不合格服装，不论面料多高档、价格多昂贵，苑永萍都会毫不犹豫地剔除，甚至成批量地销毁。她常常带领厂长、组长、品控经理等业务主管，带着剪子，排成长队，一起检验服装质量，并将不合格的产品剪碎挂在车间，“像耻辱柱一样时刻警醒员工”。

正是由于苑永萍20年如一日恪守诚信、苛求质量、个性定制，“靓诺”品牌赢得了上至国家领导人、明星大咖，下至工薪阶层、普通百姓的高度认可，其专卖店遍布北京所有的大型商场，并推广到全国和世界。公司连年获得“北京市著名商标”、“中国质量服务信誉AAA级企业”、“北京最具文化创意十大品牌”、“诚信创建企业”、“中国自主品牌100佳”、“巾帼文明岗”等殊荣。

在中国传媒大学为主持人们做公益演讲

在企业诚信经营的同时，苑永萍积极投身于公益，发起了“美丽北京人”公益行动。“让北京人的形象与大国首都地位相匹配”是该项公益行动的初衷与追求。她说：“衣服是人的第一张名片，也是一个城市乃至一个国家的名片。‘服装美丽’是建设美丽中国的应有之义。”为此，她无偿到北京地区各大机关院校开展“美丽北京人”着装知识讲座，至今已经进行了三十多场，受众达一万多人，预约单位和团体应接不暇。为了推进这项公益活动，她每天工作 16 个小时，每天凌晨 3 点钟准时起床。她说要用全部的余生，去完成自己最想做的这件事，“让北京人穿得最有气质，通过服装这个载体把中国女人的优雅、中国男人的绅士传达给世界。”

[自强不息]

无腿志者终圆珠峰梦——夏伯渝

夏伯渝，1951 年生，西城区新街口外大街居民。原中国登山队队员夏伯渝，1975 年攀登珠峰时因救助队友失去双腿，之后又不幸患上了癌症。在截肢 40 年后的 2014 年，他再次到达珠峰大本营，但随后因严重山难未能登顶；一年之后在同样位置，又遇到了 8.1 级地震随后雪崩，未能登顶。三度攀登，距峰顶最近距离仅有 94 米。2018 年 5 月 14 日，再次冲顶并成功，实现了梦想。

1975 年，夏伯渝在攀登珠峰时已攀登至海拔 8600 米，由于天气原因下撤至 7600 米。当时队友丢失睡袋，夏伯渝便将自己的睡袋让给队友导致自己冻伤双小腿截肢，一个登山健将从此失去了双腿……

2011 年，在意大利举行的攀岩世锦赛上首次设立了残疾人组，60 岁的夏伯渝老当益壮，他凭着过去攀登的基础和良好的身体素质，同时他也克服了常人难以想象的困难，仅训练了两个月，就夺得了双腿截肢项目男子组难度赛和速度赛的两项世界冠军。

2013 年开始，夏伯渝多次尝试再次攀登珠峰。

2014 年，因特大雪崩，16 名尼泊尔夏尔巴向导遇难，哀伤之中，当年攀登活动全停。

2015 年，他再次出发,4 月 25 日尼泊尔发生 8.1 级强震，珠峰山崩地裂，再强烈的征服之心在大自然面前也只能暂时屈服。

2016 年 4 月，夏伯渝克服了身体残疾、伤病、癌症的困扰，再次踏上登顶之路，但因珠峰极端的天气原因，仅差最

与向导在珠峰

后的 94 米就登顶成功了……

2018 年 5 月，年近 70 岁高龄、失去双腿的夏伯渝再次踏上攀登珠峰的旅程，这是他第五次为梦攀登，也可能是他人生中最后一次挑战攀登珠峰。

夏伯渝自 5 月 8 日从珠峰大本营出发，一路上克服艰难险阻，4 天后终于到达了 C4 营地，并计划于 5 月 13 日冲顶。

5 月 8 日当地时间凌晨 3 点，夏伯渝从珠峰大本营出发，向珠峰发起第五次冲击。出发两小时后，到达昆布冰川。

5 月 8 日 11 点 10 分夏伯渝到达 5900 多米的 C1 营地，路途约为 2.6 公里，身体状况良好。

5 月 9 日天亮后夏伯渝向海拔 6400 米的 C2 营地进发，

在珠峰上

5月9日中午11点30左右到达C2营地，路途约为2.8公里。

在向C2营地攀登的路上遭遇暴风雪，而且大风一直持续，夏伯渝到达C2营地后一直在等待天气好转。

5月10日当地时间10点左右夏伯渝从C2营地出发，5月10日16点到达海拔7100米的C3营地，其间上升的海拔高度将近800米，用时将近8小时。

连续两天遇到暴风雪，比 2016 年攀登时遇到的天气还要差，期待冲顶时能放晴。

5 月 11 日早上夏伯渝从 C3 营地出发，5 月 11 日 17 点多到达海拔 7900 米的 C4 营地。夏伯渝在 C4 营地休整一天，于 5 月 13 日凌晨出发登顶。登顶一般需要 3 小时左右，海拔上升 944 米。

尼泊尔时间 2018 年 5 月 14 日 8 时 26 分；北京时间 10 时 41 分，69 岁的“无腿勇士”夏伯渝圆梦，登顶珠峰。

5 月 16 日，夏伯渝返回加德满都。出机场后，便马上去

登顶后，平安抵达珠峰南坡大本营

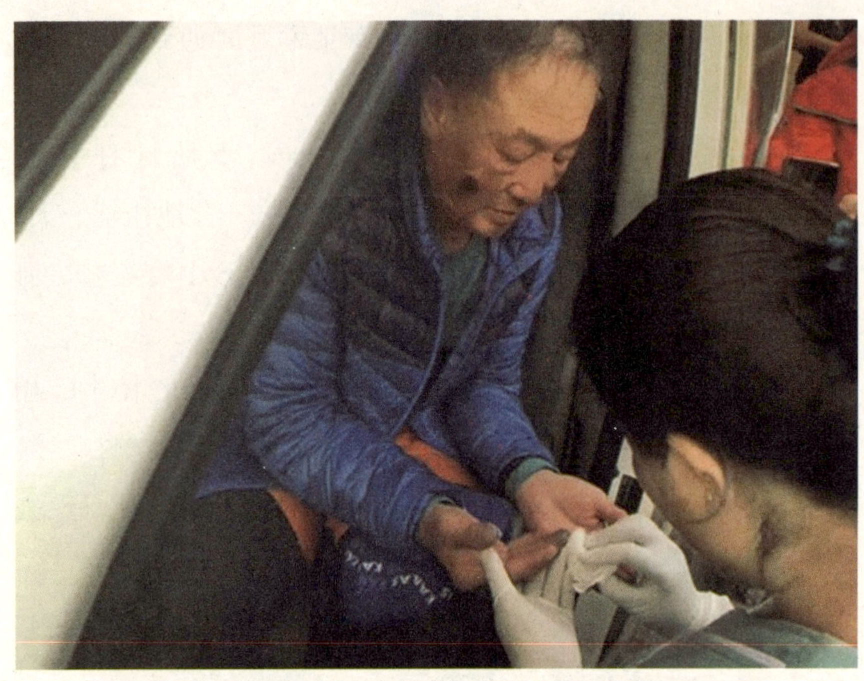

由于长时间在零下几十度的低温中攀登，脸颊被冻伤

医院，对身上冻伤部位进行检查、包扎。夏伯渝两颊一片深红，冻伤的痕迹非常明显。双手也各有一根手指缠着纱布。问及原因，他解释说登山时经常会有暴风雪，整个空气都是湿的，所以导致手套也变湿了。“冻也得戴，不戴不行。拿着登山杖，手指没法活动，就被冻伤了。”

夏伯渝说：“在上下山的过程中，除了能量胶，基本不进食。因为周边条件及人体自身的条件根本不允许。”除了进食问题外，多变且恶劣的自然环境是夏伯渝面临的最大问题。“当大风起时，常常连脚底的路面都看不清，只能摸索着前进。这就多亏了夏尔巴人铺好的绳索。”

从寒冷的世界之巅，回到温暖如春的加德满都，回首这一路，夏伯渝十分平静。他说：“这个过程其实很平常、很普通，就是为了自己的理想去奋斗。”

2018
北京榜样
特别奖

[见义勇为]　“6 · 15”朝阳见义勇为群体

[敬业奉献]　金　蕾

[热心公益]　北京市公共文明引导员总队

[见义勇为]

“朝阳群众”见义勇为制服歹徒
——“6·15”朝阳见义勇为群体

2018 年 6 月 15 日上午，在朝阳区西坝河南路附近，发生了一起持刀抢劫事件。多名朝阳群众面对险情、勇字当先，齐心合力制服歹徒，其中有两名朝阳群众在此过程中受了重伤。见义勇为的朝阳群众中，有理发师、退伍军人、健身教练等，这些来自各行各业的普通人，面对危险挺身而出，用实际行动诠释了勇敢的选择和正义的坚持。

男子抢劫，多名朝阳群众合力按倒

事情发生在 2018 年 6 月 15 日上午 10 时 50 分，女事主陈某将车停在朝阳区香河园地区某大厦旁，在等朋友间隙将副驾驶门打开透气。此时，一名男子突然持刀进入副驾驶室，对其进行威胁并索要现金。在车内争斗过程中，男子持刀将事主左手划伤，陈某趁机下车逃跑并大声呼救，后嫌疑人将事主车内手机抢走并逃离现场。

最先发现抢劫的是“80 后”小伙儿小蔡（化名）。小蔡当时走到柳芳北街金泰桥天桥下，他猛然发现，一名形迹可疑的男子钻入街边车中。很快，一名瘦弱的女事主从驾驶位逃了出来，她一把抓住小蔡并大喊：“有人抢劫了，救救我！”听到叫喊声后，抢劫男子如亡命之徒般从车内逃离。小蔡也跟着大喊：“有人抢劫！”随即追向嫌犯。

呼救迅速引起“00 后”小伙儿张利（化名）的注意。张利听到求救声后，见一名男子攥着水果刀跑上天桥。没有迟疑，张利拔腿就追，到天桥通道上后，他从后方将男子一脚踹倒，见对方双鞋脱落，他想捡鞋击打男子，不料对方翻身挥刀刺来。张利只感觉腰部涌出一股热流，很快因腿部麻木瘫倒在地。

此时，小蔡看到了张利遇险的整个过程。“那时他腰上已经中了一刀，而且坏人仍继续行凶。我第一反应就是把刀夺下来，要不小伙子有生命危险。”小蔡朝着男子侧面冲去，一只手将刀攥住，两个人呈站立状紧紧贴在一起。男子见状拼命挣扎，水果刀在混乱中翻飞，不到半分钟时间，小蔡也倒下了。

看到二人僵持，张利的同事邓坤、席发彬以及附近健身房教练周凡凡也赶到桥上。邓坤、席发彬和周凡凡合力将嫌犯摞倒并坐在嫌犯背上紧紧按压，最终，大家合力把嫌疑人最终制服。据席发彬回忆，大家在天桥上控制嫌犯近 10 分钟时间，周边群众及时报警并叫了救护车。他还记得：“嫌犯被压住后，还死死攥住水果刀不撒手。大家抢下来时，刀都被掰弯了。”很快，民警赶到现场后，立即对嫌疑人进行控制。

及时送医，朝阳群众的爱心加速度

“我跑上桥后看到蔡大哥靠在栏杆上，身上有多处伤口，尤其是腿部血流不止。因为懂些医学常识，第一反应是大动脉出血，必须得先止血！”华清池修脚会所的赵京威本想用手止血，无奈血流过大无法止住。灵机一动，迅速取下自己的腰带，帮小蔡进行了止血和简单包扎。为了争取时间，周凡凡的一名同事将小蔡背起，张利的同事陈龙也迅速背起小张，两人狂奔近 500 米将伤者送到煤炭总医院，还边跑边提醒他俩：“兄弟，你失血过多，千万别合眼！医院就在眼前了……”

到了医院急诊室，席发彬没有现金给伤者挂号，急得到急诊楼外大喊：“谁有钱！谁有钱！”两名大妈立即给他凑了 300 块钱。可挂号时，医院告诉他，先救人，不收费。席发彬又去跑回去还钱，这时一名大妈已经走了，另一名大妈说：“孩子，这钱你先留着。”

小蔡身中 7 刀，分布在脑后、脸部、手指、大腿、胳膊等位置，一共缝了 31 针。张利身中 2 刀，均在腰部，刀口长约 10 厘米。万幸的是，二人均未伤及脏器，没有生命危险。

惩恶扬善守护平安：“以后遇到这种事，还得上”

整件事可谓惊心动魄，在嫌犯持刀情况下，多名朝阳群众参与搏斗。很多工作人员和亲友来探望他们，大家称他们是真正的英雄。但张利觉得，制服歹徒“这是一个有良知的普通人的必然选择”。

在这次事件中，受伤最重的就是29岁的福建小伙子小蔡，一名普通的上班族。小蔡说，原本他一直在告诫自己要保持距离，不要冲动。但是一看到身边的人受伤了，就忘了这些。“我直接冲了过去，就想夺刀。因为我感觉，如果不把刀夺下来，他肯定还会伤人的。”

张利受伤后，一直没敢告诉自己在河北的家人，他告诉记者，“千万别让我爸妈知道，他们会心疼死的”。张利在事发天桥附近的美发店上班。“我听见有人喊救命，也没多想就冲了过去。”现在回想起来，张利一直感叹，“以后遇到这种事，还得上，但得带上工具保护好自己。”他说，“虽然受伤了，但是我觉得自己特别勇敢，我为自己骄傲。”

传授自由搏击技巧的教练周凡凡，在这次擒拿歹徒中发挥了关键作用。“当时我正在天桥上给健身房做宣传。突然听见有人喊‘抢劫’。我抬头一看，一个男的朝我跑过来，“我几乎是下意识地就抬腿踹了一脚，直接踹在了他的胸口，他一下就趴在了地上。紧接着，我就按住他将其制服。我是一名退伍军人，碰见这样的事，是绝不会退缩的。”

秀时护肤造型的员工陈龙、邓坤、席发彬和华清池修脚会所的赵京威以及许多朝阳群众在危机时刻站出来，有的帮助制服歹徒，有的及时抢救现场伤员，有的第一时间报警，有的在医院为伤者垫付了药费，对违法分子形成了强烈震慑，为救治伤员赢得了时间。他们这种在危险时刻挺身而出的精神生动诠释了朝阳群众的精神，也为社会公众树立了典范。

各界关爱，让见义勇为无后顾之忧

事发后，朝阳区各级部门及时响应，第一时间赶到医院了解受伤群众的需求，与医院对接，为他们开启绿色通道。在最短的时间，朝阳区相关部门就按照相关规定和程序通过了北京市见义勇为奖章和证书的认证。考虑到二人的特殊情况，煤炭总医院为他们协调了最好的医疗资源，两位伤者住院产生的各项费用也由院方承担。

6 月 18 日，区委书记王灏，区委副书记、代区长文献等一行来到煤炭总医院，探望慰问在朝阳区西坝河南路附近因见义勇为而英勇负伤的群众。同时，将北京市见义勇为人员证书、奖章以及奖金颁发给小蔡、张利、周凡凡三人。6 月 22 日，副区长、公安朝阳分局党委书记、局长牛国泉来到香河园地区，慰问了在危急时刻挺身而出，参与到制服歹徒和抢救伤员行动中的席发彬、陈龙、邓坤、赵京威等多位好市民，对他们的行为表示感动和赞赏。一些市民群众也自发来到煤炭总医院，看望和慰问见义勇为的英雄们。

小蔡、张利、周凡凡等既是“朝阳群众”的一分子，又展现了新时代“朝阳群众”的精神风貌。

平凡见证伟大。在朝阳这片热土，从来不会缺少勇敢的选择和正义的坚持。正是有“朝阳群众”这样一群普通人，活跃在朝阳社会治理、环境整治、民生保障、文化建设、重大活动安保、志愿服务等各项社会事业中，在危机时刻挺身而出，让朝阳区这片热土洒满了正义的光辉。如今，越来越多的人自发参与其中，“朝阳群众”已经成为践行新时代核心价值观弘扬者、正能量传播者、幸福路上奋斗者、城市文明建设者的“代名词”。

[敬业奉献]

为一线采编事业奉献毕生——金蕾

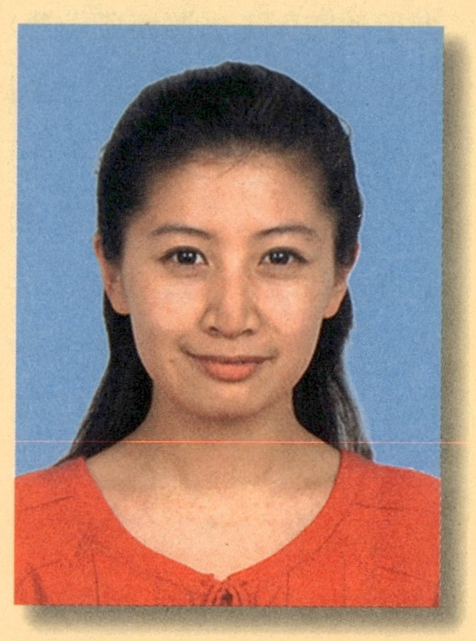

金蕾，1980 年生，北京电视台记者。在新闻采编一线奋斗 16 年的金蕾，发稿近 6000 条，几乎囊括了包括“两会”在内的所有重大时政新闻。2014 年为“南水北调中线行”系列报道，六次前往湖北、河南；为抢新闻中午吃不上饭、工作到凌晨是家常便饭。2018 年 4 月初多次腹痛难忍仍坚持工作，后确诊为胃癌晚期，于 7 月 31 日病逝。

金蕾，中国共产党党员。2002 年，毕业于北京广播学院播音系，同年 8 月，进入北京电视台工作。曾在北京电视台新闻栏目《特别关注》、新闻节目中心社会新闻采访部机动科、新闻编辑部特别报道组任记者。2009 年，进入要闻采访部城建科任记者。2018 年 7 月 31 日，因患胃癌去世，享年

对 2011 年北京“两会”进行现场报道

在 2017 年北京市“两会”上，金蕾进行记者提问

38 岁。

金蕾从事新闻工作 16 年来，始终奋战在新闻采访第一线、最前沿，她多次参与重大报道，如《基层看变化喜迎十八大》《砥砺奋进的五年——喜迎党的十九大》《家国梦・岁月情——新中国成立 65 周年抒怀》大型直播，《纪念抗战胜利 70 周年阅兵》直播，神舟八号、神舟十一号载人飞船发射直播报道，天宫一号和天宫二号发射及与神舟飞船交会对接，“一带一路”国际合作高峰论坛，2011—2014 年、2016—2018 年的全国“两会”报道，2012—2018 年的北京市“两会”报道，并连续多年参与《新春走基层》报道。

16 年来，金蕾工作始终一丝不苟、精益求精，不辞辛苦、任劳任怨，总计发稿近6000条，先后被评为北京电视台“十佳”记者、北京电视台优秀共产党员、北京电视台优秀女职工、新闻中心突出贡献人物、要闻采访部优秀个人。

金蕾不仅是一个高产记者，同时也是一位作品高质量、高水准的记者。她的作品四获国家级大奖：系列报道《乡村新发现》获2010年（第二十届）中国新闻奖三等奖；电视消息《北京告别91年钢铁生产历史》获2012年（第二十二届）中国新闻奖三等奖；消息《北京告别91年钢铁生产历史》获2011—2012年度中国广播影视大奖广播电视节目奖；消息《习总书记赴庆丰排队点餐取餐自己来》获2013—2014年度中国广播影视大奖广播电视节目奖（电视类）大奖。此外，

报道“天宫一号”与“神舟八号”圆满实现首次交会对接

手臂受伤依旧坚持在 2012 年京交会的工作岗位上

还 9 次获得北京市级奖项。

金蕾长期在新闻一线采访报道，工作常年加班加点，生活作息无规律，经常风餐露宿。逢元旦、五一、国庆节，金蕾经常要拍摄升国旗仪式，为了不耽误工作，她都会在前一晚住在办公室，第二天凌晨 2、3 点钟起来做准备工作。

2014 年“南水北调中线行”系列报道，她 6 次前往湖北、河南等地深入库区人家进行采访。为了报道全面生动，她提前筛选选题，确定第二天的采访内容，每天都要熬到后半夜，而第二天她还要继续新一天的劳碌和奔波。

电视新闻抢时效是家常便饭。金蕾上午采制的新闻，中午要抢发《特别关注》，做完节目经常就到中午 1 点了，常常吃不上午饭，有时吃一两块饼干就凑合了。

2018 年 4 月开始，金蕾多次提到自己肚子疼，同事们劝她尽早检查，但是面对繁重的工作，她把检查的日子一拖再拖，一直工作到 4 月 20 日。21 日，她原本还打算忍着病痛去采访，但是实在扛不住了，她在凌晨 5 点给同伴王陆华发微信，缺席了当天的采访，去医院做了全面检查。而 5 天后，在 4 月 26 日，她就查出胃癌晚期。后医治无效，于 7 月 31 日病逝。

永远把工作放在第一位；不到万不得已，永远不会去麻烦别人；能自己解决的困难，永远尽量自己解决。金蕾为新闻事业奉献了毕生的心血，也用她短暂但却闪光的一生，书写一个大大的“人”字。

新『八大员』——北京市公共文明引导员总队

［热心公益］

北京市公共文明引导员总队组建于 2001 年，坚持从我做起、从身边小事做起，常抓不懈，赢得了社会各界和广大人民群众的高度赞誉，在社会上享有良好的口碑。2008 年荣获北京市奥运会残奥会先进集体，2009 年荣获国庆 60 周年志愿服务先进集体，2010 年至 2012 年荣获北京市春运工作先进集体。

北京市公共文明引导员总队组建于2001年，主要由“40、50”下岗职工和退休人员组成，规模8000余人。目前，全市设有公共文明引导员服务岗的公交、地铁站台已基本实现排队候车；无人值守，乘客自觉排队站台达1000余个。据统计，公共文明引导员每人每年参加志愿服务1344小时；为乘客咨询指路达2589.4多万人次；照顾老弱病残孕乘客达1760多万人次；处理交通、治安、医疗救助等突发事件4200多起；帮助寻找走失家人7170多次；为乘客捡拾物品近2.35多万件次；为灾区捐款18.34多万元。

北京市公共文明引导员总队，下设16个区县公共文明引导员大队，礼仪、环境、秩序、服务、观赏、网络六个公共文明引导行动分队，若干个公共文明引导员中队，并成立了北京公共文明巡访团，对公共文明引导行动进行指导和监督。同时组建了文明引导专业骨干、基层管理、社会参与、指导监督四支队伍，每年定期对文明引导员进行文明礼仪、服务技能以及英语、手语等专业知识培训，建立了常态化、长效化工作机制，形成了全市公共文明志愿服务组织管理

文明引导员参与中超足球赛文明引导服务

格局。

17 年来，这支队伍充分发挥了精神文明宣传员、文明礼仪示范员、排队乘车引导员、交通文明协管员、治安防范信息员、群众困难排解员、站台环境维护员、公共文明观察员的“八大员”作用，大力弘扬“奉献他人、提升自己”的志愿服务理念，以自身的文明行动，促进市民文明素质的提高，引领公民道德实践，践行社会主义核心价值体系，成为首都精神文明建设的重要品牌。

无论寒冬酷暑，风霜雪雨，在全市 2300 多个公交地铁站台，维护乘车秩序，引导乘客排队候车，帮助乘客排忧解难，日平均服务乘客达 1800 万人次，多次承担全市重大任务。2006年配合公交实施一卡通，保证了全线调整任务的完成；2007年进入地铁疏导客流高峰；2008年奥运会、2009年国庆60周年期间，出色完成了安全秩序保障任务，为人文奥运、平安奥运做出了历史性贡献；2010年参与春运服务；2011年服务领域从公交地铁站台向300余个交通路口、北京西站等春运服务场站、体育赛事、公园、街道社区，以及节假日等公共服务领域扩展延伸。服务范围由城六区扩展到远郊区县，服务内容由单一的文明乘车引导发展到咨询指路、治安防范、应急服务等多个方面。

在全市开展的首都文明交通行动和做文明有礼的北京人，绿色出行文明交通从我做起主题宣传实践活动中，公共文明引导员带头示范交通文明，开展了各具特色的主题宣传和公共文明引导创新活动，广泛动员社会单位、党政机关、企事业单位，部队官兵、大中小学生、社区志愿者等共同参与，先后与1300多个社会单位建立联系，共建文明站台500余个。2012年积极开展学雷锋做文明有礼的北京人志愿服务，倡导“关爱他人，奉献社会”的雷锋精神，宣传树立一批学雷锋先进典型。2012年5月，首都文明办成立了市公共文明引导员宣讲团参加了市委宣传部组织的百姓宣讲团、百姓宣讲员“双十佳”竞赛和全市总决赛，荣获“党在百姓心中”、“十佳基层百姓宣讲团”光荣称号。按全市宣传工作安排，开展了学习宣传贯彻北京市十一次党代会精神和喜迎十八大科学发展成就辉煌巡回宣讲报告32场，直接受众人数达万

公共文明引导员在北京西客站站台组织乘客排队候车

余人。随着十八大日益临近，组织 16 区县 8000 余名公共文明引导员，以“喜迎党的十八大，创优良环境秩序，做文明有礼的北京人”为主题，全力做好十八大公交地铁站台服务保障任务，配合公安机关做好站台安全防范，确保党的十八大期间重点地区、重点路线公交地铁车站安全有序、文明和谐的社会环境。

公共文明引导员的团队形象在全市具有广泛的社会影响力，促进了北京市民公共行为文明指数的提升。公共文明引导志愿服务行动，坚持从我做起、从身边小事做起，常抓不懈，久久为功，赢得了社会各界和广大人民群众的高度赞誉，在社会上享有良好的口碑，得到了市委市政府领导的充分肯定，被称为首都的窗口、旗帜和形象。

公共文明引导员总队2008年荣获北京市奥运会残奥会先进集体。2009年荣获国庆60周年志愿服务先进集体。2010年至2012年荣获北京市春运工作先进集体。2011年9月，时任市委书记刘淇回复公共文明引导员的来信时，高度赞扬这支队伍是“首都讲文明树新风的排头兵”，为“广大市民在世人面前赢得讲公德、守秩序、文明礼貌的赞誉做出了巨大的奉献”。中央电视台、新华社、人民日报、光明日报等中央媒体以及北京电视台、北京日报、千龙网等市属媒体，多次对公共文明引导行动进行专题报道。

文明引导甘于奉献，神圣使命重于泰山，团队荣誉胜于一切，公共责任勇于承担，这就是公共文明引导员总队的誓言，也是公共文明引导员团队在实践中总结出的志愿服务理念。十几年来，团队始终坚持以雷锋同志为榜样，在六大公共文明引导行动中充分发挥“八大员”作用，不辞辛苦、尽职尽责、开拓创新、敬业奉献，想方设法为广大市民提供便利服务，以做文明有礼的北京人的实际行动，赢得广大市民的高度赞誉。是一支招之即来、来之能战、战之能胜的团队，是一支以雷锋精神为指导的志愿服务优秀团队。

无论寒冬酷暑，风霜雪雨，在全市2300多个公交地铁站台，维护乘车秩序，引导乘客排队候车，帮助乘客排忧解难，日平均服务乘客达1800万人次，并多次承担全市重大

公共文明引导员培训站台旗语

任务。2006 年配合公交实施一卡通，保证了全线调整任务的完成；2007 年进入地铁疏导客流高峰；2008 年奥运会、2009 年国庆 60 周年期间，出色完成了安全秩序保障任务，为人文奥运、平安奥运做出了历史性贡献；2010 年参与春运服务，继续向“两会”、清明、五一、十一等节假日扩展。2011 年为适应首都城市建设和公共交通发展，服务领域开始从公交地铁站台向 300 余个交通路口、重点活动周边区域、北京西站等春运场站、体育赛事、各大公园、街道社区，以及节假日等公共服务领域延伸。服务范围由城区扩展到远郊区县，服务内容由单一的文明乘车引导发展到咨询指路、应急服务等多个方面。

文明引导员的示范带动作用，有力促进了北京市民公共行为文明指数的提升，团队形象在全市具有广泛的社会影响力。2002 年、2003 年全市开展了 10 万份问卷调查，市民支持率达 95% 以上。2007 年全市开展了“迎奥运　讲文明　树新风”活动，率先践行每月 11 日“排队推动日”活动，受到国际国内舆论高度赞誉。2009 年开展了“迎国庆”“讲文明”“树新风”——文明乘车百日行动“双创双评”活动，1000 多万市民踊跃参与投票，评选出 100 个“我最满意的公交地铁站台”和 100 名“我最喜爱的文明引导员”。

公共文明引导志愿服务行动，坚持从我做起、从身边的小事做起，常抓不懈，久久为功，赢得了社会各界和广大人

首都文明办召开全市公共文明引导员十八大动员大会

民群众的高度赞誉，不仅在社会上享有良好的口碑，而且得到了市委市政府领导的充分肯定，被称为首都的窗口、旗帜和形象。

2018
北京榜样
提名奖

[助人为乐] 任万强 许 艺 蒋蕴香 张义标
付 超 天坛雷锋车队

[见义勇为] 陈建新 张建辉 李晓涛 张利鹏

[诚实守信] 张志广 邢东波 陈其泽

[敬业奉献] 马 薇 徐 伟 于葆墀 于渊莘 王月鹏 杨大伟
孙 勐 李建军 姜建莉 武起义 李劲松 刘新光
马 涛 华 扬 张向辉 储 峰 闫永杰 李 菲
房 博 王 猛 曹广健 谢玉华 付政基 李新春
彭 燕

[孝老爱亲] 王志强 张思然 郑交良

[勤劳节俭] 林桂英

[热心公益] 郑柏峪 董桂珍 宋薛宣 王 文 王震南 王丽娟
赵丙文 韩小红 冯丽利 王友谊

[自强不息] 陈建新 石国勇

提名奖［助人为乐］

任万强：机智党员探身窗外救人

许　艺：税务人办义演为爱启航

蒋蕴香：满心是爱的军嫂兵妈妈

张义标：善良快递小哥温暖孤残老人

付　超：人民警察捐干细胞助患儿新生

天坛雷锋车队：雷锋车队，一面赤诚的旗帜

任万强：机智党员探身窗外救人

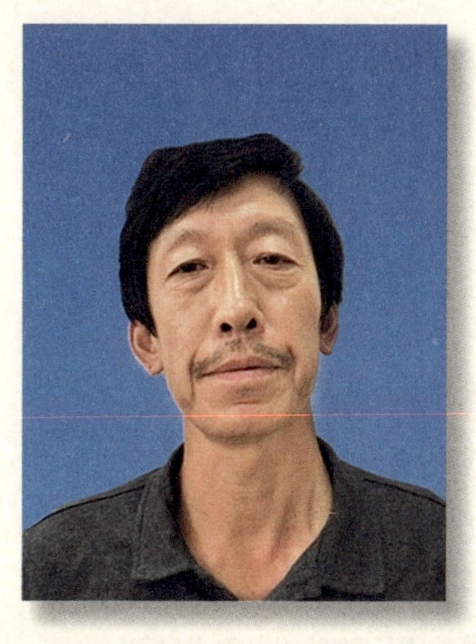

北京榜样
2018

任万强，1965 年生，通州区柳馨园社区居民。2017 年 9 月 20 日上午，听到有人呼救，见对面楼一老人抓着自家栏杆脚蹬 9 层窗边，身子悬在近 30 米高的楼外。他迅疾跑出家门，直奔对面楼 9 层探身窗外搂住了老人的大腿，将老人拽进屋里。

许艺：税务人办义演为爱启航

许艺，1979 年生，东城区地方税务局税政管理二科科员。立足税收一线，曾凭过硬的业务素质为国家一次性查补税款 4000 余万元。她还投身公益事业，先后数十次为贫困学生、灾区同胞、孤寡老人等弱势群体捐款捐物，累计金额数万元。她发起成立的“义演小分队”举办的“为爱启航”同住蓝天下爱心公益演出，在中国红十字基金会支持下，筹集善款 13711 元，解决了云南上拉堡小学的孩子们一年的用餐补助费。

蒋蕴香：满心是爱的军嫂兵妈妈

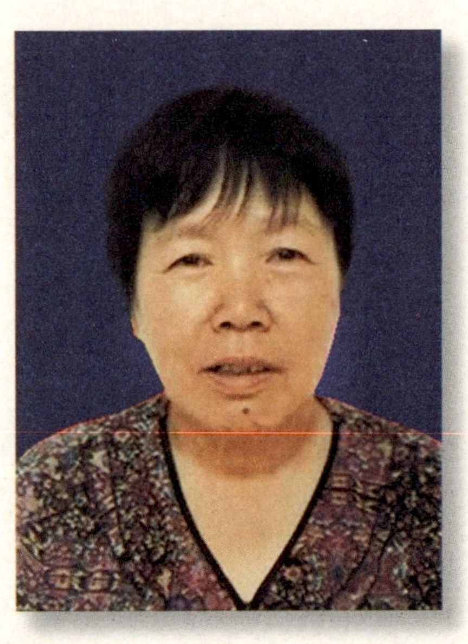

蒋蕴香，1955年生，海淀区北四环西路空军大院居民。她的手机24小时开机，手上有一本社区服务对象的名单和工作日程安排表，什么时间、什么人需要什么帮助，她都铭记在心。她曾扑过大火，救过落水儿童，与歹徒搏斗解救被强暴的女孩，为双职工接送孩子。如今她长年照顾一位退休的老职工，经常在幼儿园的门口维持秩序，穿梭菜市场帮助行动不便的孤寡老人购买各种蔬菜，为战士送去各种关怀。她是战士眼中的兵妈妈、机关教职员工心中的好大姐、社区群众公认的好心人。

张义标：善良快递小哥温暖孤残老人

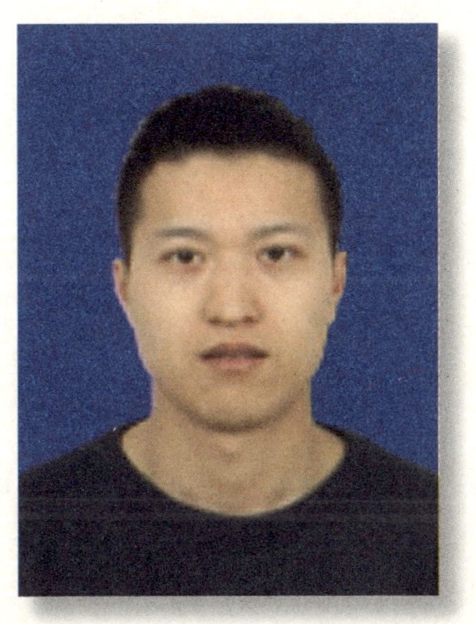

张义标，1987年生，北京顺丰速运有限公司员工。2016年10月至今热心照顾瘫痪孤寡老人，帮助老人洗澡、打扫卫生，陪伴老人聊天，给老人做饭，让老人重拾对美好生活的向往，他用实际行动诠释了“老吾老以及人之老”。2018年5月参与甘肃贫困山区家庭爱心公益行，到贫困儿童家中进行家访、收集情况，代表顺丰公益莲花助学给予困难家庭帮助，让贫困家庭的孩子能上得起学。

付超：人民警察捐干细胞助患儿新生

付超，1988 年生，西城分局二龙路派出所民警。2007 年以来付超每年坚持参加无偿献血活动。2017 年接到造血干细胞初配型成功的消息，毫不犹豫地表示愿意捐献造血干细胞，妻子、父母也全力支持他的决定。为了确保造血干细胞的质量，付超抓紧锻炼身体，确保身体指标保持最佳状态。2018 年 8 月 20 日，他无偿为一名 4 岁血液病患儿捐献造血干细胞，为素未谋面的陌生人送去了生的希望。

天坛雷锋车队：雷锋车队，一面赤诚的旗帜

2006 年，天坛雷锋车队由连三顺等成员自发成立，到今天发展为 40 人。十余年间，“天坛雷锋车队”始终坚持在服务社会的第一线，为 70 岁以上老人免费服务达 1718 人次，协助救助危重病人 128 余人次。在春运、暑运、国庆等重要活动期间，积极参加了王府井、北京站、东直门交通枢纽的运力保障活动；积极参加社会、行业及有关公益活动捐款捐物，合价值数十万元，用实际行动践行了雷锋精神，展现了良好的行业风貌。

提名奖［见义勇为］

陈建新：智勇双全拦下持刀醉汉

张建辉：真勇士三人冰河救父子

李晓涛：勇救自燃车，司机天生热肠

张利鹏：壮丽地完成最后一次托举

陈建新：智勇双全拦下持刀醉汉

陈建新，1976 年生，大兴区西红门镇政府民政科工作人员。2017 年 10 月 14 日 18 时 30 分左右，正在安保巡逻的他走到鸿坤广场过街天桥东侧时，见一男子持匕首追赶两女一男，便故意挡住持刀男子的路，使被追的三个人成功逃脱。两人僵持一阵后，该男子的情绪稍有稳定，他快速跑到附近打电话报警。事后他说当时就想让大家都尽快离开，没有考虑自身安危。

张建辉：真勇士三入冰河救父子

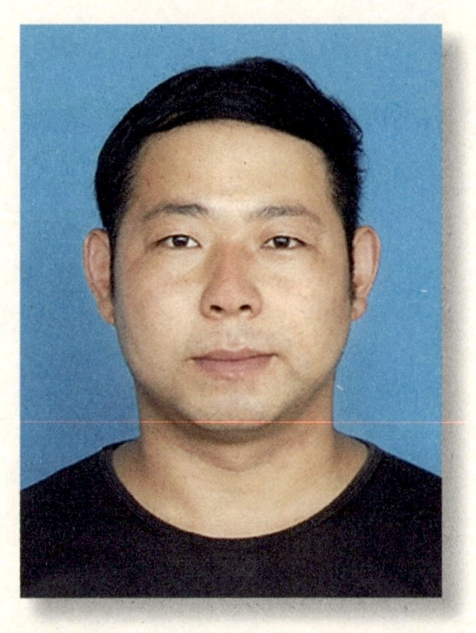

张建辉，1987 年生，平谷区大兴庄镇北城子村村民。2018 年 1 月 20 日，他听到呼救发现有两人在冰水中挣扎，迅速跑上冰面施救却因冰碎而落水。游回岸边脱掉棉服再次入水，将已没入水中的大人救上岸；随后第三次跳入水中拖着孩子往回游。此时他已体力不支，赶来的民警和岸边小伙出手相助，接过了孩子将他拉上岸。

李晓涛：勇救自燃车，司机天生热肠

李晓涛，1977 年生，北京公交第五客运分公司 822 路驾驶员。2018 年 5 月 23 日，李晓涛驾驶 822 路公交车，由潞城镇出发驶向大厂方向。当车辆行驶至大豆各庄村时，发现一社会车辆自燃起火，当机立断将车停在距离社会车 10 米左右的安全位置，打开车门，拎着车载灭火器就冲了过去，从左右两侧车窗处开始灭火，共用两具灭火器将火情熄灭。待消防车赶到后，驾车继续运营。车主根据事发时路人拍摄的视频，找到公交公司，为李师傅送来锦旗。

张利鹏：壮丽地完成最后一次托举

张利鹏，1988 年生，通州区公安消防支队商务园中队战斗班班长。8 月 2 日下午，在辽宁省朝阳市北票市白石漂流景区，3 名游客在接近漂流终点的浅滩游玩时，不慎滑入深水区域并被湍急水流冲向下游。他正在附近游览，听到呼救声后，立即冲到事发现场，拿起船桨纵身跳入水中，先后救起两名被困者。此时已经筋疲力尽的张利鹏咬紧牙关用尽最后的力气，将体重近 200 斤的最后一名遇险者推上救生筏。就在这时，一阵激流涌来，体力完全透支的张利鹏再也无力支撑，被卷进了深水区，湍急的水流瞬间没过了他的头顶。

提名奖［诚实守信］

张志广：悬壶济世铸医魂

北京榜样 2018

张志广，1970年生，北京以岭药业有限公司总经理。张志广秉承着诚实守信的为商之本，开启了以中药精神利国利民的创业道路。他以质量为本，耗资一百多万元，对产品进行权威检测。优质的品质，让企业渡过了难关。2018年初，全国范围内的流感疫情暴发，作为国家推荐特效药，以岭药业的莲花清瘟颗粒需迅速提高产量，以应对疫情。为此，在张志广的带领下，北京以岭药业增加人员设备，不惜提高成本，完成了两个月内800万盒的巨大产量。利国利民，立誓守信。

邢东波：重信誉让农民工动情落泪

邢东波，1972年生，现北京市欣京州建筑公司总经理、北京市通州区大稿村党总支副书记。自2001年入职以来，他所在的公司连续17年未发生重大安全事故。他在企业和村务工作中始终把安全工作放在首位。公司建筑工地遭遇暴雨之时，他身先士卒，亲自带队现场消除事故隐患，自己却因过度劳累病倒。面对项目经理在建工地邻舍中偷工减料的行为，他宁愿冒着耽误工期、损失巨大的风险，也不拿员工的生命开玩笑。面对年底不能给农民工兄弟借款的情况，他连夜筹钱、开会，最后终于按时发放了工资。

陈其泽：靠“诚信工程”支持城市副中心建设

陈其泽，1968年生，北京嘉寓门窗幕墙股份有限公司副董事长。先后获得“首都劳动奖章”、“中国建筑装饰三十年优秀企业家”、“建筑装饰领军人物”、“首都非公经济参与奥运服务奥运先进个人”、“顺义区经济技术创新标兵”等荣誉。陈其泽一直以“诚信、务实、创新、卓越”为经营宗旨。所在企业参与北京城市副中心、顺义奥林匹克水上公园等一批国家重点工程项目的设计与施工。陈其泽以其诚实守信的优秀思想品质，在新时期诠释着道德模范的风采。

提名奖［敬业奉献］

马　涛：15 只熊猫宝宝的“奶爸”

华　扬：不惜生命为患者“超声”

张向辉：为新机场应急救援夯实地基

储　峰：党的理论政策的传播者

闫永杰：寻烈士陵墓，将英名铭刻于心

李　菲：亲情医生，老年人的生命保障

房　博：环保导游钟情垃圾分类

王　猛：“80 后”开创智能制造新天地

曹广健：用心理疗法化解服刑人员心病的监狱卫士

谢玉华：把最难的事办成最好的事

付政基：把警服穿到最后一刻

李新春：为村民增收致富死而后已

彭　燕：检察官中的“钢铁玫瑰”

马薇：安监巾帼保一方平安

马薇，1983 年生，北京市丰台区大红门街道安全生产检查队副队长。入职以来，她始终以饱满的工作激情和忘我的工作态度，立足所热爱的安全生产工作，执着肯拼、细心缜密、无怨无悔、任劳任怨，始终牢记一名安监人的责任和义务，去推动事业的发展，实践和提升自己的人生价值。她不断提高驾驭工作的能力和素质，使自己从一名安全生产检查的“细心人”转变成用知识武装的“明白人”，成为业务骨干力量。

徐伟：为市民文化生活鼓浪扬帆

徐伟，1957 年生，北京市朝阳区文化馆馆长。1996 年任职开始，就和同事们一起不仅改革文化馆制度，制定了高效灵活的人才引进政策，还让文化馆更加贴近群众，制定的“9 剧场”发展思路，让朝阳文化馆在市场与文化格调上实现了双赢。徐伟觉得文化馆应该是一个公共文化场所，要延伸到每一个个体。徐伟说：“要让社会知道文化馆，走进文化馆。”他始终认为，文化馆不属于某个人、某一圈人，只要有利于提升国民素质、审美情趣，什么样的事情都可以做。

于葆墀：炮制38载国药的大国药匠

于葆墀，1957年生，中国北京同仁堂（集团）有限责任公司北京同仁堂制药厂主管药师、高级技师。80年代入职同仁堂，一直从事中药炮制工作。熟悉数百种中药材及其药用标准，掌握各类中药材的炮制方法和质量标准。于2011年拜“国医大师、国药泰斗”金世元教授为师，学习金老的学术思想、炮制技艺。作为同仁堂安宫牛黄丸传统制作技艺代表性传承人之一的于葆墀，数十年来在中药炮制领域不断思索和钻研，致力于中药炮制工艺研究、技能传授。

于渊莘：从根入手培育幼教的参天大树

于渊莘，1965 年生，朝阳区劲松第一幼儿园园长，在 34 年的幼教生涯里，始终坚定初心，默默奉献，在平凡的岗位创造出不平凡的成绩。2007 年，荣获“北京市杰出校长”的称号，2008 年又成为朝阳教育系统年度人物，2015 年获得了北京市优秀园长称号，2017 年荣获朝阳区教育系统“巾帼之星”称号。在幼儿园课程建设、国际化交流等方面起到了引领作用，为北京的学前教育发展起到了榜样的作用，她是我们的楷模，完美地诠释了幼儿教师的中国梦！

王月鹏：万伏高压电线上的“电网手术师”

王月鹏，1979 年生，国网北京昌平供电公司带电作业高级技师。他善学习、肯钻研、能吃苦，对带电作业的每一个细节都精益求精、追求完美和极致，逐步成长为专业技术领头人。他带头开展技术革新，拥有国家级专利成果 4 项，研发成果有效简化了工作程序，降低了作业人员工作强度。他身上有着电力人对“工匠精神”的传承和发扬，徒弟杨鑫在北京市电力配电线路技能竞赛中获得第一名，荣获首都劳动奖章。18 年的基层坚守，是当之无愧的“北京大工匠”。

杨大伟：仁医大爱令病患落泪

杨大伟，1977 年生，中国中医科学院广安门医院南区骨二科主任医师。自幼立志成为一名治病救人、祛除病痛的医者，在扶危济困的理想追求中坚定前行。他诊疗患者近两万人，开展肢体创伤骨折、髋膝关节置换及腰椎手术两千余台，对于每位患者，他都以精湛的医术全力为他们减轻病痛。面对患者，再苦再累，他总是像对家人一样精心治疗。被他诊疗过的患者，亲切称他为“随叫随到的家人”。曾多次被评为院优秀医务工作者，收到患者锦旗三十余面。

孙勐：尽心竭力只为历史留痕

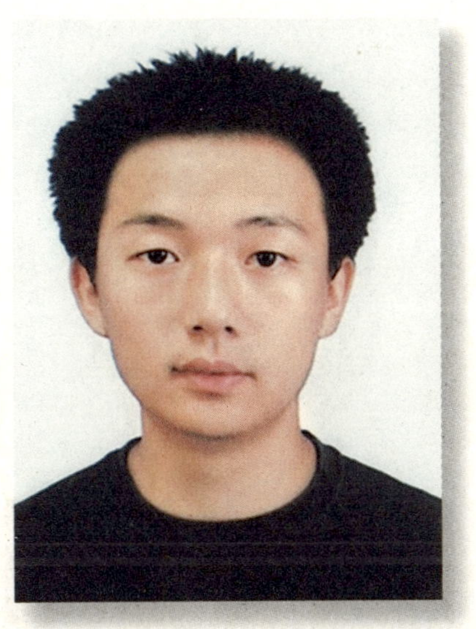

孙勐，1979 年生，北京市文物研究所副研究员。在田野考古一线奋战了 15 个春秋。他主持和参加了多项重大项目考古工作，保护古代墓葬及遗迹千余座，出土文物数千件。在城市副中心建设考古工作中，作为路县故城遗址考古项目负责人，他带领勘探人员，对近八十万平方米的区域进行了全面调查和勘探，最终发现了通州最早的古城。该项目证实了副中心选址的合理性与前瞻性，丰富了副中心的历史文化内涵，为城市副中心建设中文化传承、文脉延续作出了贡献，荣获“2016 年度全国十大考古新发现”。

李建军：村支书顾大局落实规划不迟疑

北京榜样
2018

李建军，1964年生，海淀区东升镇塔院村党总支书记。作为塔院村党总支书记，李建军坚定不移落实市、区城市总体建设规划和疏解非首都功能指示。第一个签订腾退补偿协议，不分昼夜加快推进腾退工作，1个月内就完成90%的宅基地腾退任务。为让村民早日“搬家上楼”，他多次组织专题会，研究回迁安置有关事项。2017年5月，京昌路楔形绿地棚户区改造安置房顺利开工；12月清华东路9号院回迁安置房达到使用条件。严谨高效的工作，不仅赢得了各级领导的认可，更赢得了村民的称赞。

姜建莉：打造社区治理的“万能钥匙”

姜建莉，1972 年生，朝阳区太阳宫夏家园社区党委书记。她有社区治理的“万能钥匙”，只要姜书记在，社区里的难事都会迎刃而解。曾荣获 2010 年北京市人口与计生先进工作者、2011 年北京市第六次全国人口普查工作先进个人、2015 年朝阳区优秀社工金蜜蜂奖、2016 年朝阳区巾帼之星标兵、2016 年朝阳区农村系统第四届践行社会主义核心价值观十佳人物、2016 年朝阳区优秀共产党员、2017 年朝阳区农村系统共产党员“先锋员”。

武起义：青丝变白发，四十余载医患情未了

北京榜样 2018

武起义，1953年生，丰台区张家坟村卫生所乡村医生。在四十余载的风风雨雨中，为村民的医疗、保健、为张家坟村的卫生事业全身心的奉献，也得到了村党支部、村委会及村民的认可，先后荣获了优秀共产党员、三八红旗手等光荣称号。

李劲松：用画笔勾勒小巷变迁

李劲松，1962年生，北京市东城分局安定门派出所治安民警，先后荣立个人三等功1次，个人嘉奖6次。到2018年，他在安定门派出所就24年了，从内勤民警、社区民警再到治安民警，享受着每一项工作带给他的充实和自豪。他干起活儿来像“拼命三郎”，正是对工作的这股拼劲和执着，让他在基层平凡的岗位上，做出了不平凡的工作业绩。

刘新光：环卫战线的“发明达人”

刘新光，1977 年生，北京市西城区环境卫生服务中心二队维修班副班长。他是维修班的“发明达人”，通过改造清运车装卸架、改良疏通工具、自主研发 D5 和 CD 型电动葫芦控制箱设备，既保证同事们作业安全，也提高了工作效率节省时间；他是西环二队的“安监使者”，面对地坑积水险情，永远冲锋在前；他是背街小巷的“美颜助手”，秋扫落叶冬扫雪，夏清杂物防火险，应急抢修护安全，人累瘦了好几圈，一句怨言也没有。他在平凡的岗位上践行安全责任，排除单位安全隐患近百次，直接避免各类经济损失近三十余万元。

马涛：15只熊猫宝宝的“奶爸”

马涛，1970年生，北京动物园大熊猫班班长。工作29年来一直在大熊猫保育岗位努力历练，成长为大熊猫研究专家型人才，曾先后参与大熊猫人工繁殖、繁殖期雌性大熊猫尿中生殖激素变化等多项专业研究。通过实践总结提升，马涛摸索总结出一套“一查二唤三观四测”大熊猫状态感应体检四步法，能够快速判断出大熊猫每天的健康情况。作为北京动物园15只“国宝”大熊猫的“奶爸”，他幸福并珍惜这一角色。作为一名爱岗敬业的共产党员，他的座右铭就是用一生来陪伴大熊猫，以匠人之心做新时代动物幸福的守护人。

华扬：不惜生命为患者“超声”

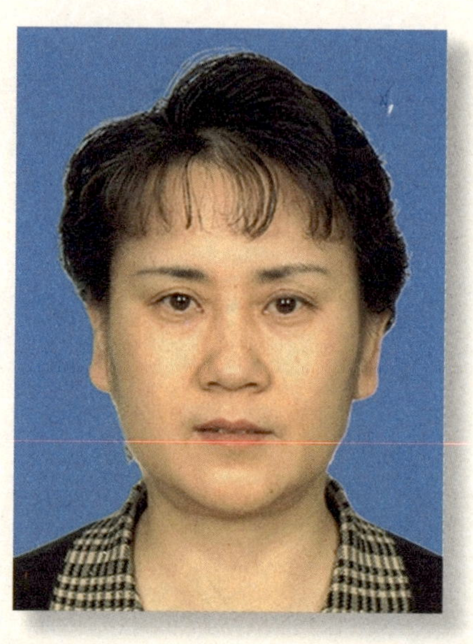

北京榜样 2018

华扬，1960 年生，首都医科大学宣武医院血管超声诊断科主任。华扬创立了国内脑、颈血管超声一体化评估模式，打造了血管超声诊断“金标准”，被称为“中国血管超声第一人”。她带领的科室年检查患者 15 万余人次，居全国之首。1998 年身患肾功能衰竭的她克服频繁透析、肾移植手术以及长期服药导致的感染、高烧等，坚持工作，对每一位患者倾尽全力。她放弃绝大多数休息时间，到全国三百余家医院义诊、讲课，普及规范的血管超声技术，为血管超声发展、中国脑卒中筛查防治做出了突出贡献。

张向辉：为新机场应急救援夯实地基

张向辉，1974 年生，北京新机场建设指挥部运营筹备部业务经理。张向辉负责北京新机场应急救援中心的前期筹建工作。参与各类战斗 1800 余起，抢救被困人员 10 人，排除爆炸倒塌事故危险 7 次，参与残损航空器搬移 7 次，曾获得全国五一劳动奖章、全国民航五一劳动奖章、全国职工职业道德建设先进个人等 40 余个各级荣誉称号。他带领团队积极开展技战术革新和装备改良，不断提升民航应急救援保障能力和效率，他的团队成为民航首批授牌的创新工作室，成为行业创新的标杆。

储峰：党的理论政策的传播者

北京榜样 2018

储峰，1975 年生，中共中央党校报刊社副编审。在军队辛勤工作、敬业奉献了 20 年，是后勤学院首批“名师工程”人才库成员、硕士研究生导师、技术副师职。2016 年她服从军队改革调整大局，转业到中共中央党校报刊社工作，继续在报刊媒体从事党的创新理论的编辑、宣传工作。在新的工作岗位上迅速成长为业务骨干和主力。编辑、审稿、采访整理各种文字数百万字，编辑和采写报道的多篇文章在重要报刊文摘、网络媒体上转载，取得了非常好的社会影响，传播了正能量。

闫永杰：寻烈士陵墓，将英名铭刻于心

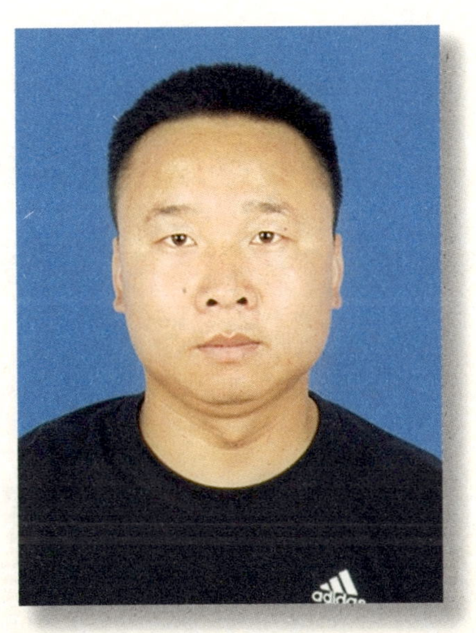

闫永杰，1987 年生，延庆区民政局优抚科科员。“80 后”的他每天的工作都是和“烈士”打交道。他把每一名烈士都当作是自己至亲的人来守护。在他的努力下，2016 年全区零散烈士墓抢救保护工作实现全覆盖，每一位烈士都安然“回家”；2017 年全区延庆籍和在延庆牺牲的烈士英名全部被镌刻在烈士墙上，2165 名烈士魂归故里；2018 年全区烈士纪念设施的祭扫实现全覆盖，清明时节每一位烈士墓碑前都有人祭扫。他用自己朴实无华的辛勤付出，推动着延庆区烈士褒扬工作大踏步地前进。

李菲：亲情医生，老年人的生命保障

北京榜样
2018

李菲，1971 年生，西城区展览路社区卫生服务中心医生。她带领的 6 人团队与 2400 位居民签约提供 14 项内容医疗服务，她对每一位病人的诊治都心细如丝，及时发现病情，多次挽救病人生命。她固定的患者中八九十岁的老人居多，患有心脑疾病等老年病，她最受他们爱戴是因为她看病时不仅心细还很有耐心，愿意认真地听他们唠叨。老人们喜欢她、惦记她，有时到其他科看病也必须要看看她，冲她笑笑点点头就走，心里踏实。

房博：环保导游钟情垃圾分类

房博，1983 年生，北京游行天下旅行社有限公司导游。2002 年开始从事导游工作，至今已有 16 年工作经历。“永不放弃”是他的座右铭，做一名学者型导游、成为北京导游的“金名片”是他的职业追求。用坚实的脚步踏在导游领域这块热土上，立足导游工作、提炼导游匠心、讲好中国故事，是房博的工作准则。

王猛："80后"开创智能制造新天地

王猛，1980年生，哈工大机器人集团总裁，哈尔滨工大特种机器人有限公司董事长。他师从中国机器人之父蔡鹤皋院士，曾任中国航天科技集团公司第一研究院总体设计部某重点型号总体工程组组长，获得多项国家国防专利。他带领团队完成智能光伏运维系统、安防机器人、爬壁机器人等先进智能装备的研制，取得多项自主知识产权。2017年度获得北京经济技术开发区第二批"亦麒麟"新创工程科技领军人才称号。

曹广健：用心理疗法化解服刑人员心病的监狱卫士

曹广健，1973 年生，北京市监狱内视观想监区党支部书记、监区长，中国心理干预协会司法心理干预专业委员会秘书长。他是首都监狱第一批专家型民警，从警 20 年，致力于心理矫治技术研究与应用，有效化解一千多名服刑人员的各种心理问题。对监狱一百余名顽危、重控、黑恶势力服刑人员进行危险程度预测，为确保监管安全、维护社会稳定做出了积极贡献；创新国学精髓“内视观想”体验，形成标准化工作流程，被司法部在全国监狱推广。

谢玉华：把最难的事办成最好的事

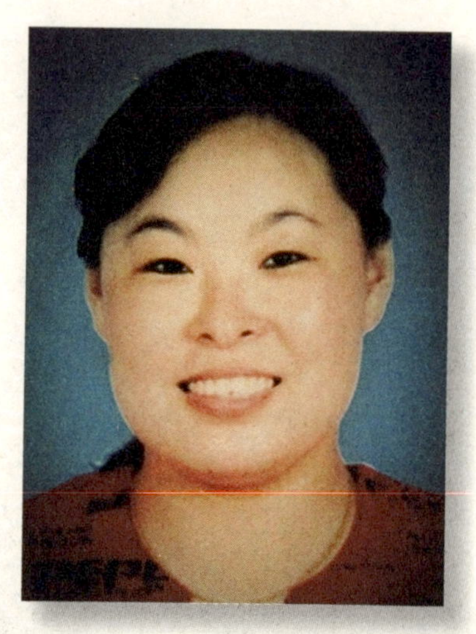

谢玉华，1960年生，海淀区清河毛纺北小区社区党委书记。从事社区书记工作近二十年，时刻把居民放在心上，积极帮助群众解决各种困难，通过真诚服务使社区大家庭充满亲情。在创建文明城区工作中，她发动社区志愿者清理整治社区环境，使社区面貌焕然一新。2017年，她所在小区被定为市、区老旧小区综合改造的试点，谢书记积极组织居干开会讨论改造任务，选举产生议事委员、监督委员和楼门长，通过开会动员和培训的方式充分调动积极性，带领两委班子成员，克服重重困难做好居民的思想工作。

付政基：把警服穿到最后一刻

付政基，1958年生，北京市公安局房山分局人口管理和基层工作大队民警。他十年如一日坚守一线窗口，坚持做到零延误、零积压、零差错。2014年，他被确诊患十二指肠腺癌，4年里总共经历了4次大手术、1次介入手术，累计住院治疗36次，总共只请了61天病假。4年的检查和治疗，花光了家里所有的积蓄。在付政基生命最后的时间里，他和家人商量后做出决定：一家三口未来都将捐赠遗体给医院，用于医学研究，希望能够减少世间疾苦；如有不测，丧事一切从简，不麻烦任何人。他是人民警察爱岗敬业、奉献一生的缩影，更是一名共产党员为党和人民奉献一生的写照。

李新春：为村民增收致富死而后已

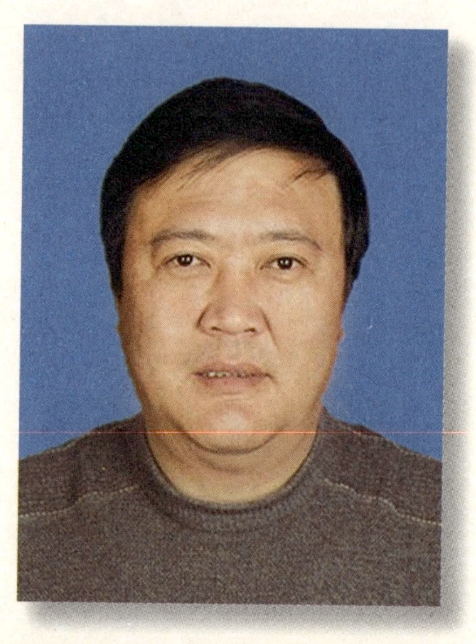

李新春，1956 年生，平谷区刘家店镇行宫村原党支部书记。从 2004 年他担任行宫村党支部书记以来，行宫村的村风、民风、基础设施、支柱产业和党风廉政工作都取得了较大改善。作为刘家店镇行宫村党支部书记，他的工作始终围绕着“改善内心环境，提高人生质量；改善生活环境，提高生存质量；改善生产环境，提高大桃品质”这几个方面开展，取得了明显成绩。

彭燕：检察官中的“钢铁玫瑰”

彭燕，1974年生，昌平区检察院检委会委员、公诉二处兼未成年人案件检察处处长、主诉检察官。她曾患甲状腺癌，经历两次大手术后，仍然以顽强的毅力和拼搏的精神执着工作在执法办案第一线，被群众誉为“工作压不垮、困难挡不住、病魔击不倒”的“铁燕子”。先后获得北京市人民满意的政法干警标兵、北京市群众心目中的好党员、北京市人民满意的公务员、北京市创先争优优秀共产党员、“全国模范检察官”“全国先进工作者”“全国人民满意的公务员”，北京市检察院个人一等功，并当选中共十八大、十九大代表。

提名奖［孝老爱亲］

王志强：血性汉子办养老　对老英雄全免单

张思然："95后"女生厄运中撑起家庭

郑交良：十四年真情不变

王志强：血性汉子办养老　对老英雄全免单

王志强，1965年生，北京金助友养老服务有限公司经理。他白手起家开办养老服务公司，探索居家养老入户上门服务模式。27年中，他使数万名老人在家乐享晚年。他的公司为两千多位战场上走下来的老英雄，提供免费的照料服务。他既无房，也无车，只有上万封感谢信和数十项带着“孝星”字语的荣誉奖牌。他认数百名老人为“父母”，逐一建立健康档案，使数万名老人家在社区、在家里无忧养老安度晚年，使生活在社区里的老人们有一个“家外之家”，打造了一个老年人的幸福乐园。数百名老人、家属写来感谢信、锦旗。

张思然:“95后”女生厄运中撑起家庭

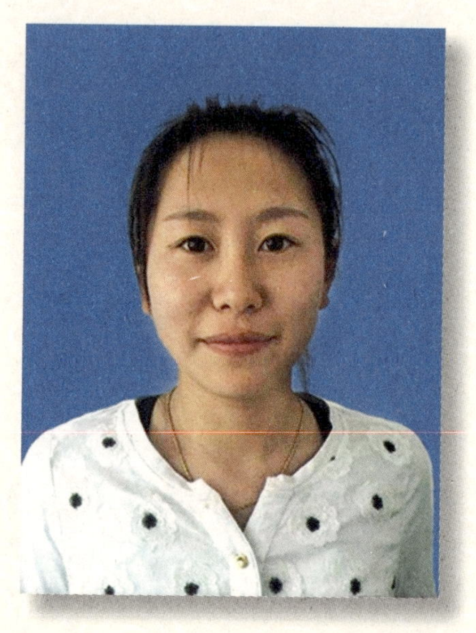

张思然，1995年生，大兴区长子营镇残联工作人员。13岁，妈妈患上心脏病；15岁，妈妈又得了脑血栓；19岁，爸爸突发脑梗塞，生活一次又一次打击着张思然。在很多“95后”还在花着父母的钱的时候，她已经撑起了家庭经济和生活的重担。白天上班挣钱，下班回到家还要洗衣做饭，照顾妈妈，帮爸爸复健。面对诸多困难，她说：“爸妈活着，我就是有爸有妈的孩子，这就是最好的幸福，我愿意为他们付出所有！”

郑交良：十四年真情不变

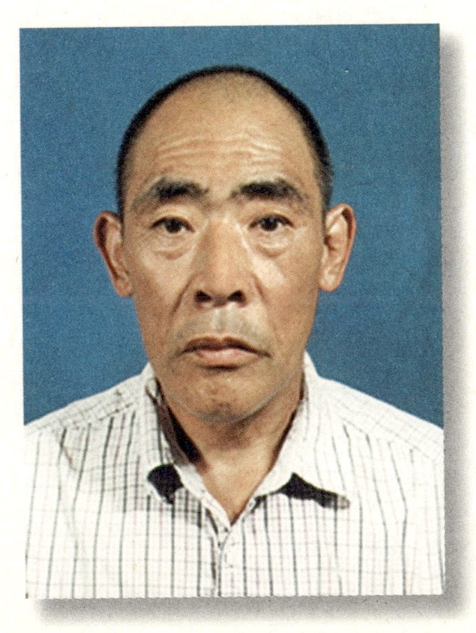

郑交良，1962年生，顺义区北石槽镇寺上村村民。他的妻子谭祥仁曾有过一段婚姻，前夫因病去世后，她带着3个女儿改嫁过来。2004年11月13日，一场车祸从天而降，导致妻子高位截瘫。14年来他无微不至地照顾妻子，洗脸、擦身、做饭，推着轮椅带她遛弯；对3个女儿更是视如己出，一个个将她们抚养成人，3个女儿总说："我爸爸是我们家最伟大的人！"常言道：患难见真情。再美的承诺也不如面对逆境时的行动，而这个家庭真正做到了患难与共。

提名奖［勤俭节约］

林桂英："环保巧娘"巧手暖社区

林桂英："环保巧娘"巧手暖社区

林桂英，1951 年生，丰台区太平桥街道太中里社区居民。她利用旧毛线、废布头等做成拖鞋、包、儿童用品等小物件。林阿姨的作品在 2013 年北京市"变废为宝环保创意作品展示活动"获得了优秀奖；同年其作品被市妇联推荐参加了"北京市第五届妇女儿童用品博览会"的展示活动；2014 年在北京市妇联举办的以"清洁空气蓝天行动"为主题的展示活动中，获得了首都精神文明建设委员会颁发的"最佳实用奖"。这些年她一直坚持做缝纫，改造旧物件，生活充实了，脑瓜和手脚也灵动起来了，如今成了社区百姓口中称赞的环保"巧娘"。

提名奖［热心公益］

郑柏峪：20 年治沙还一片绿洲

董桂珍：八旬老妪的爱党情结

宋薛宣：学雷锋几十年播撒公益火种

王　文：倡导新风为文明观赛助力

王震南：他献出的都是热血

王丽娟：为千余残障孩子点燃心灯

赵丙文：退伍老兵义务巡逻 18 年

韩小红：15 年志愿服务健康公益

冯丽利：公益守护安全用电，全力推广清洁能源

王友谊：让中国平谷翰墨飘香

郑柏峪：20 年治沙还一片绿洲

郑柏峪，1947 年生，原轻工业部政策法规司处长，1998 年底因国务院机构改革提前退休，退休后他 19 年坚守在内蒙古查干诺尔治沙还绿，奇迹般地让已土地沙化、没有生命的查干诺尔起死回生。2014 年 11 月被授予全国离退休干部先进个人称号，受到习近平等党和国家领导人的亲切接见；2016 年被授予中央国家机关优秀共产党员称号。

董桂珍：八旬老妪的爱党情结

北京榜样 2018

董桂珍，女，1939 年生，1971 年 4 月加入中国共产党，是长辛店街道朱北社区一名普通的共产党员。董桂珍同志能够积极参加社区组织的各项活动，热心公益，时刻关注社区的大事小情，为社区出谋划策。她给自己树立了“退休不退志，退休不褪色”的理念，积极参加社区组织的各项活动，如成为扶老助老帮扶组的志愿者、党课大讲堂义务教师、反邪教警示教育分校义务讲师、党员宣传岗志愿者。

宋薛宣：学雷锋几十年播撒公益火种

宋薛宣，1957年生，北京宋记开锁有限公司总经理，大兴区学雷锋志愿服务协会会长，曾获全国五一劳动奖章、首都五一劳动奖章等多项国家、市区荣誉，并连续六届担任大兴区政协委员，是北京市第十二次党代会代表。他以雷锋为榜样，坚持为群众做好事，带动身边人一起参与到志愿服务中来。四十多年的坚守，平凡中见证伟大。如今，他已经成为大兴区弘扬新时代雷锋精神的“志愿之星”，是志愿服务事业中不可或缺的榜样人物。

王文：倡导新风为文明观赛助力

北京榜样 2018

王文，1957年生，北京球迷协会会长。北京球迷协会下设“绿色狂飙”、“御林军”等7个分会共4000人，他引导大家文明观赛已15个年头。为助力冬奥，他代表北京球迷和北京榜样代表共同倡议，承诺做到“观赛嘴净，人走场净”，还积极与京外多个球迷协会结成友好协会。目前能做到人走场净的北京球迷已达八成。

王震南：他献出的都是热血

王震南，1990 年生，联东集团党委副书记，纪委书记，团委书记。自 2011 年开始无偿献血，个人累计献血 49 次，献血量达 19610ml，即使在出国留学、旅行期间，依然参加无偿献血，让无私爱心跨越国界。他又是无偿献血工作的积极倡导者，大学期间带动近 2000 人次在校大学生献血；工作后，他积极推动联东 U 谷园区开展无偿献血公益活动。献血之外，王震南还先后推动建立十余所农村贫困小学支教基地，组织公益徒步行活动为鲁甸地震灾区儿童募款，发起“全国谷民共建希望小学”专项行动等。

王丽娟：为千余残障孩子点燃心灯

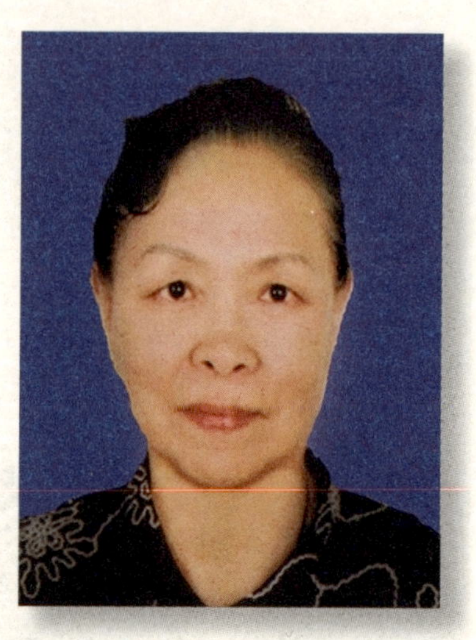

王丽娟，1947 年生，北京智光特殊教育培训学校校长。她退休不退岗，用自己全部积蓄创办了非盈利公益慈善机构——北京智光特殊教育培训学校，为智残、脑瘫、自闭症及更多特殊需要孩子们早日融入社会，能得到生存发展空间，被社会尊重、接纳、认可而努力工作。在学校发展中，她卖掉了北京唯一的住房，自己住在了由学校原羊圈搭起的一间房子里。她曾帮助千余名特殊需要的孩子改变了命运，接待了 68 个国家的专家、国际人权组织、驻华大使、官员们的交流访问。荣获各级政府奖项四十多个，为五十多所高校培训志愿者开设“公益讲座”、“讲党课”。

赵丙文：退伍老兵义务巡逻 18 年

赵丙文，1942 年生，通州区于家务乡富各庄村村民。他是一名退伍军人。自退休之后赵丙文就自告奋勇报名参加村内的治安巡逻岗。义务巡逻不间断，一干就是 18 年，每天天不亮赵丙文就骑着自行车在村内来回查看，发现问题及时上报。入党 54 年来，赵炳文时刻牢记党员的初心、使命。他见证了富各庄村的变迁，用认真值守诠释了老党员的担当。“心如琉璃，内外明澈”是他对自己的要求，他说：“时间能冲淡很多东西，留下的不是名利，是精神，我就是一个普通的党员，也是一名普通的老百姓，简单生活，为民奉献。”

韩小红：15年志愿服务健康公益

韩小红，1967年生，慈铭健康体检集团有限公司总裁。她生于北京的医学世家。1990年毕业于大连医科大学英文班，1997年北京医科大学硕士毕业，任解放军301总医院肿瘤内科医师。1999年赴德国海德堡大学攻读医学博士。学成归国后，她放弃公立医院肿瘤医师的“金饭碗”投身健康产业。她希望能够改善中国“看病贵，就医难”的现状，把预防为主力落到实处，从德国留学回来后建立了国内首家专业连锁服务体检中心——慈铭体检。

冯丽利：公益守护安全用电，全力推广清洁能源

冯丽利，1977 年生，国网北京市电力公司海淀供电公司工作人员。她时刻用党员标准要求自己，带头学习提高，带头履职尽责，带头服务群众，带头忠诚企业，带头争创佳绩。她坚定理念信仰，夯实业务基础，综合素质不断提高。获得首都劳动奖章后，她更加严格要求自己，在完成优质服务工作的同时，热心于公益事业，并致力于清洁能源的推广。

王友谊：让中国平谷翰墨飘香

王友谊，1949 年生，平谷区书法协会主席。书法艺术在平谷地区落地生根并不断繁荣发展，著名书法家王友谊在其中付出了大量的时间与精力，作出了积极贡献。他深爱着自己的家乡土地，自筹经费致力于书法事业的传承和发展。在共同努力下，平谷区成功申创“中国书法之乡”，承办中国书法家协会国家展，打造了书法文化品牌“上元雅集”，使平谷区普通民众习书法、讲书法、用书法，书法热潮持续升温。

提名奖［自强不息］

陈建新：好儿男为国夺冬残奥首金

石国勇：将阳光撒向童年路

陈建新：好儿男为国夺冬残奥首金

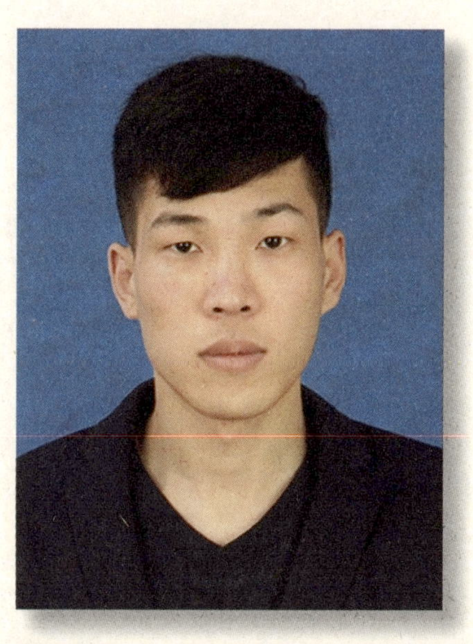

陈建新，1992 年生，国家轮椅冰壶队队员。2010 年他因交通意外高位截瘫。正当他绝望之际，区残联把他推荐到市残联体育培训中心，为他开起了另一扇希望之门。2014 年他有幸被选中加入国家轮椅冰壶队，凭着坚忍不拔的决心和艰苦卓绝的训练在冰壶场上取得多次傲人战绩。2018 年 3 月 17 日进行的第 12 届冬残奥会轮椅冰壶决赛中，他和队友通过团结协作，顽强拼搏，出色发挥，为中国体育代表团勇夺一枚宝贵金牌，实现我国在冬残奥会史上金牌零的突破，为国家赢得荣誉，为首都增光，为延庆添彩。

石国勇：将阳光撒向童年路

石国勇，1952 年生，西城区华严路 39 号居民。他身体残疾，患小儿麻痹症，需架双拐坐轮椅车行走出行。女儿 4 岁夭折，妻子患病术后瘫痪在床。三十多年来，怀着对女儿的思念，照顾着多病的妻子，他克服身体的残疾，坚持创作儿童故事，先后发表出版了 11 部科普著作、二十余部儿童剧、共计二百余万字。他完成了从一名下岗残疾工人到科普作家的人生飞跃。2013 年，石国勇同志还接受了中央人民广播电台“小喇叭”节目的聘请，担任起了科普栏目“博士爷爷”的撰稿人，利用业余时间为孩子们撰写科普稿件。

后 记

《平凡中的力量——北京榜样主题活动五周年人物风采录》是“北京榜样”大型主题活动开展五年来的集中成果展示，为响应《中共北京市委关于开展向“北京榜样”优秀群体学习活动的决定》精神，由人民出版社出版发行。在丛书编辑过程中，我们成立了编委会，统一协调各项工作。为了使本书顺利出版，中共北京市委宣传部、首都精神文明建设委员会办公室、各区县精神文明建设委员会办公室等有关单位给予了大力支持；李恒、夏青、杜维伟、张程、孙旭同志对编辑撰写提供了宝贵的意见；北京艺品联盟文化传媒有限公司做了大量的联络协调工作；人民出版社的领导及其有关同志在编辑出版过程中花费了很大精力；热心公益事业的福建永定籍书法家游鸿增同志为本书题写了书名。在此，对所有参加此项工作并付出劳动的单位和同志们、朋友们致以由衷的敬意和深深的感谢。

由于我们水平有限，书中难免出现疏漏和错误，望请大家不吝指正。

本书编委会

2019 年 3 月

策划编辑：刘松弢
责任编辑：夏　青
责任校对：周　昕
封面设计：胡欣欣

图书在版编目（CIP）数据

平凡中的力量：北京榜样主题活动五周年人物风采录 / 首都精神文明建设委员会办公室 编 . —北京：人民出版社，2019.4

ISBN 978 – 7 – 01 – 020202 – 0

I. ①平…　II. ①首…　III. ①精神文明建设 – 人物 – 先进事迹 – 北京 – 画册　IV. ① D648-64

中国版本图书馆 CIP 数据核字（2018）第 286255 号

平凡中的力量

PINGFAN ZHONG DE LILIANG

——北京榜样主题活动五周年人物风采录

中共北京市委宣传部
首都精神文明建设委员会办公室　编

人民出版社 出版发行

（100706　北京市东城区隆福寺街 99 号）

北京中科印刷有限公司印刷　新华书店经销

2019 年 4 月第 1 版　2019 年 4 月北京第 1 次印刷

开本：710 毫米 × 1000 毫米 1/16　印张：52.25

字数：546 千字

ISBN 978 – 7 – 01 – 020202 – 0　定价：380.00 元（全五册）

邮购地址 100706　北京市东城区隆福寺街 99 号

人民东方图书销售中心　电话（010）65250042　65289539